Wolfgang Swat Tödliche Spreewald-Liebe

Alle in diesem Buch geschilderten Kriminalfälle haben sich tatsächlich zugetragen. Die Namen von Tatopfern und Tätern sowie von anderen Beteiligten sind mit Ausnahmen, die in den jeweiligen Texten kenntlich gemacht sind, zum Schutz der Persönlichkeiten anonymisiert und frei erfunden. Übereinstimmungen oder Ähnlichkeiten zu lebenden oder verstorbenen Personen sind zufällig.

Wolfgang Swat

Tödliche Spreewald-Liebe

und 13 weitere authentische Kriminalfälle

Bild und Heimat

Von Wolfgang Swat liegt bei Bild und Heimat außerdem vor:

***Die Schneeleiche von Lübbenau** und zwölf weitere authentische Kriminalfälle aus der DDR* (3. Auflage, 2019)

ISBN 978-3-95958-247-6

1. Auflage dieser Ausgabe

Umschlaggestaltung: capa
Umschlagabbildung: Chris Keller / bobsairport
Druck und Bindung: CPI Moravia Books s. r. o.

SUPERillu

In Kooperation mit der SUPERillu

www.superillu-shop.de

Inhalt

Vorwort

Die in diesem Buch behandelten Kriminalfälle haben sich so oder ähnlich ereignet, und zwar überwiegend in der DDR. In der Öffentlichkeit spielten sie kaum eine Rolle, weil es aus gesellschaftspolitischer Sicht der SED und des sozialistischen Staates Gewaltkriminalität nicht zu geben hatte. Sie wurden zwar in der DDR nicht gänzlich verschwiegen, weil zur Aufklärung der Verbrechen die Mithilfe der Bevölkerung für die Staatsanwälte und Kriminalisten der Morduntersuchungskommissionen (MUK) von großer Bedeutung war. Ohnehin unterschied sich die kriminalistische Arbeit in der DDR kaum von der in der BRD. Allerdings erfuhr die Öffentlichkeit wenig über Details, Hintergründe und Motive der Taten.

Dass in den meisten der in diesem Buch beschriebenen Fälle Alkoholmissbrauch und sexuelle Beweggründe eine dominierende Rolle spielten, ist nicht der selektiven Auswahl des Autors geschuldet, sondern spiegelt die Realität wider.

War über Mord und Totschlag in der DDR wenigstens noch in geringem Maße etwas zu erfahren, so waren politisch motivierte Taten ein absolutes Tabu für die Bevölkerung. Ein solcher Kriminalfall ist am Ende des Buches unter dem Titel »Der Spion« nachvollzogen. Dass er hier erscheint, ist das Verdienst der Angehörigen, vor allem von Raik Klausch, der nach der Wende allen Widerständen zum Trotz für die Rehabilitierung seines zum Tode verurteilten Vaters gekämpft hat. Dafür bedanke ich mich ausdrücklich bei Raik Klausch.

In Gesprächen mit Leserinnen und Lesern und auch in sozialen Medien geht es nicht selten darum, ob man noch von authentischen Kriminalfällen sprechen kann, wenn Namen von Opfern und Tätern sowie von Örtlichkeiten frei erfunden oder abgewandelt werden. Die Frage ist, ob es für die Darstellung der authentischen Tatabläufe und ihrer Vorgeschichten von überragender Bedeutung ist, dass die wirklichen Namen der Opfer und auch der Täter, wenn schon nicht vollständig, dann doch wenigstens abgekürzt, etwa Steffi S. (frei erfunden), genannt werden. Oder dass kleinere Orte mit vergleichsweise wenigen Einwohnern nur im Zusammenhang mit einer größeren Stadt oder Region umschrieben werden. Ist das Geschehene dadurch weniger authentisch?

In diesem Buch werden Personen direkt und indirekt zitiert. Die Ehrlichkeit gebietet es, darauf hinzuweisen, dass solche Passagen aus Aktenniederschriften zum besseren Verständnis zum Teil nachbearbeitet sind, die Aussagen jedoch nicht im Kern verändert wurden.

Zum Abschluss noch ein Dank an alle, die mir beim Schreiben des Buches geholfen haben.

Mädchenmord am Pinnower See

Der Naturpark Schlaubetal südöstlich von Berlin im Land Brandenburg ist ein kleines Paradies für Wanderfreunde, Wassersportler und Badelustige. Mit seinen 230 Quadratkilometern reicht er von Müllrose im Norden bis Drewitz/Jänschwalde im Süden, und von Grunow-Dammendorf im Westen bis nach Bomsdorf im Osten. Ausgedehnte Kiefern-, Buchen- und Eichenwälder sowie zahlreiche Feuchtwiesen mit einer Vielzahl geschützter Pflanzen- und seltener Vogelarten prägen das Gebiet. Fisch- und Seeadler, Eisvogel und Schwarzstorch sind hier zu Hause.

Einer Perlenkette gleich reihen sich im Schlaubetal Seen aneinander: Der Kleinsee bei Drewitz und der Großsee bei Tauer gehören ebenso dazu wie der Göhlensee, Pastlingsee, Schenkendöberner See oder der Pinnower See. Der Pinnower See liegt am südlichen Rand des Naturparks. Von Cottbus aus sind es 40 Kilometer bis zu dem 54 Hektar großen Gewässer, von Guben, der Stadt an der Neißegrenze zu Polen, sogar nur gut 15 Kilometer. Zahlreiche Bungalows stehen in Seenähe, die Campingplätze sind im Sommer gutbesucht. Tausende finden hier Jahr für Jahr Ruhe, Entspannung und Erholung.

Im Juli 1995 verbringen die Schwestern Yvonne und Kornelia Ludrichs ein paar Tage im Häuschen der Großeltern am Nordufer des Pinnower Sees. Obwohl Sommerferien in Brandenburg sind, ist es hier weniger betriebsam als am Campingplatz, der sich entlang der Südseite des Sees erstreckt.

Es ist Sonntag, der 16. Juli 1995. Am Nachmittag gegen 16 Uhr entschließen sich die Schwestern Yvonne und Kornelia zu einem Bummel am See. Der Campingplatz könnte ein Ziel sein, doch entschieden haben sich die Mädchen nicht. Sie gehen an der Westseite entlang. Ein Pfad führt zwischen See und Teerofenstraße durch ein Wäldchen. Im Schilf ist eine Bresche geschlagen für eine Badestelle, die meistens von Familie Kohlack genutzt wird.

So richtig begeistern können sich die Mädchen nicht am Spaziergang. »Komm, lass uns zurückgehen«, fordert Kornelia. »Ich bleibe noch kurz am See und komme gleich nach«, entgegnet Yvonne. Ihre Schwester macht kehrt und ist wenig später wieder am großelterlichen Bungalow.

Erna Kohlack wohnt ganz in der Nähe in einem Bauernhaus mit Grundstück und Scheune. Heu lagert darin, aber auch allerlei Dinge, die man braucht zur Bewirtschaftung des Anwesens, und Gerümpel, das sich in den Jahren angesammelt hat. Das Haus aus rotem Backstein ist in die Jahre gekommen. Auf dem Hof gibt es eine Pumpe zum Wasserschöpfen. Und einen Hackklotz zum Zerkleinern des Brennholzes. Die Fenster sind klein und hängen etwas schief in den Scharnieren. Die Zimmer werden mit Holz und Kohle über Kachelöfen beheizt. Alles bewahrt dennoch Charme, jetzt, im Sommer ganz besonders.

Vor fast 30 Jahren zogen Kohlacks von Peitz, der Fischer- und Festungsstadt mit dem Kraftwerk Jänschwalde in der Nachbarschaft, mit Kind und Kegel ins beschauliche Pinnow in das Haus am See. Sohn Jürgen hängt sehr an diesem Zuhause seiner Kinder- und Jugendzeit. Inzwischen hat er eine Familie und wohnt mit ihr in einem Mehrfamilienhaus in Guben, der Stadt, in der Wilhelm Pieck geboren wurde und die nach dem Tod des ersten Präsidenten der Deutschen Demokratischen Republik bis 1990 dessen Ehrennamen trug. Jürgen Kohlack verbringt im Sommer fast jedes Wochenende mit seiner Familie, seiner Ehefrau Melanie und den Kindern, im Haus seiner Mutter am Pinnower See.

Sonntag, 16. Juli 1995, 17 Uhr. Harald Ludrichs wird nervös. Fast im Minutentakt hat der Stiefvater von Yvonne zuletzt aus dem Fenster des Bungalows hinausgeschaut in Richtung Westufer. Das Kind müsste doch endlich auftauchen! Dass sein zwölfjähriges Mädchen zum Campingplatz gelaufen ist, kann er sich nicht vorstellen. Zumal sie ihrer Schwester sagte, dass sie nur noch kurz zum Wasser hinuntergehen wollte.

Harald Ludrichs macht sich auf den Weg in Richtung Campingplatz. Doch wo er auch sucht, wen er auch fragt, Yvonne ist wie vom Erdboden verschluckt. Angst steigt in ihm auf. Der Vater informiert die Polizei über das Verschwinden des Mädchens. Feuerwehrleute aus Guben und Pinnow sowie Angehörige der Wasserwacht werden alarmiert. Bewohner der Bungalowsiedlung schauen sich um. Eine provisorische Einsatzleitung koordiniert die Suche. Als ein Camper auf einen herrenlos auf dem See treibenden Kahn aufmerksam macht, ist Schlimmstes zu befürchten. Mit einem Boot der Wasserwacht wird der See, so gut es jetzt, gegen 22 Uhr, noch geht, in immer weiter gezogenen Kreisen abgesucht. Vergeblich.

Bei der Einsatzleitung meldet sich ein Ehepaar. Bei einem Seespaziergang am Nachmittag hat es am Westufer etwas gehört, einen Schrei, vielleicht sei es auch ein Lachen gewesen, berichtet der Mann. »Ich habe auf die Uhr geschaut. Es war um 16.40 Uhr«, erinnert sich der Zeuge. »Das hat sich komisch angehört. Meine Frau und ich haben uns aber beruhigt und gedacht, dass wir ein Liebespaar aufgeschreckt haben, und sind weitergegangen.«

Die Einsatzleitung beordert umgehend eine Fahrzeugbesatzung an den Ort. Die Stelle, zu der das Ehepaar weist, ist alles andere als idyllisch. Dürre Bäumchen wachsen hier, Strauchwerk und Brennnesseln erschweren das Laufen. Schon wollen die Suchenden aufgeben, als einer von ihnen hinter einem abgelagerten Heuhaufen Atemgeräusche wahrnimmt. Stammen sie von aufgeschrecktem Wild? Danach hört es sich nicht an. Und Rehe hätten doch längst Reißaus genommen. Im Licht eines Handscheinwerfers erblickt der Feuerwehrmann die Beine eines Kindes. Es sind die von Yvonne. Das Mädchen liegt in einer Erdmulde. Es ist bewusstlos. Die Fundstelle befindet sich nur tausend Meter entfernt vom Bungalow der Großeltern. Dass das Kind Opfer eines Verbrechens geworden ist, daran gibt es kaum Zweifel. Die Zwölfjährige wird mit schwersten Kopfverletzungen ins Carl-Thiem-Klinikum nach Cottbus gebracht. Im Krankenhaus wird der Verdacht zur Gewissheit. Die massiven Verletzungen können nur von Schlägen mit einem Gegenstand oder von Fußtritten stammen. Auch Würgemale am Hals und Verletzungen im Intimbereich sind Belege, dass Yvonne Opfer eines Verbrechens wurde.

Am nächsten Tag, nach der medizinischen Versorgung auf der Intensivstation, begutachtet eine Gerichtsmedizinerin das immer noch im Koma liegende Opfer. Dabei stellt die erfahrene Ärztin eine 1,5 Zentimeter lange Risswunde im Bereich der rechten Augenbraue fest, die etwa einen Millimeter tief ist. Die angesichts des lebensbedrohlichen Zustandes des Kindes eher nebensächliche und scheinbar unbedeutende Entdeckung wird dennoch im Untersuchungsprotokoll notiert.

In Cottbus übernimmt das 1. Kommissariat des Polizeipräsidiums, wie die Morduntersuchungskommission seit der Wende offiziell heißt, die Ermittlungen. Eine 48-köpfige Sonderkommission sucht nach dem Täter. In der Regionalzeitung *Lausitzer Rundschau* und in anderen, auch überregionalen Medien wird die Bevölkerung um Mithilfe zur Ermittlung des Täters gebeten. Aushänge an Badestellen, in Gaststätten und auf Campinganlagen rund um den Pinnower See informieren über das Verbrechen. Zusätzlich wird das Mithilfeersuchen der Polizei durch Lautsprecherdurchsagen verbreitet.

DIE KRIMINALPOLIZEI BITTET UM MITHILFE!

In den späten Abendstunden des 16.07.95 (Sonntag) wurde ein 12-jähriges Mädchen am Westufer des Pinnower Sees mit schwersten Kopfverletzungen aufgefunden. Es ist von einem Verbrechen auszugehen. Das Mädchen hatte sich mehrere Tage im Bungalow seiner Großeltern am Nordufer aufgehalten.

Zur Personenbeschreibung des Mädchens:

1,65 m groß und schlank

Blondes, bis zur Hälfte des Rückens reichendes glattes Haar, auf den Schultern aufliegend

Bekleidung:

rot-blauer Badeanzug

darüber ein weißes T-Shirt mit Fransen an den Ärmeln und am Bund

im Brustbereich des T-Shirts ein aufgedrucktes Motiv (Mädchenkopf mit Krempenhut)

Am Sonntag, dem 23.07.1995, in der Zeit von 10.00 bis 13.00 Uhr, werden Kriminalbeamte des Polizeipräsidiums Cottbus auf der Zufahrtsstraße zur Bungalowsiedlung Nordufer anwesend sein.

Alle Bewohner der Siedlung, aber auch andere Bürger, die zweckdienliche Angaben machen können, werden gebeten, sich am 23.07.95 direkt an die Kriminalbeamten zu wenden.

Auf Wunsch werden die Angaben auch ***vertraulich*** *behandelt.*

Jeder noch so kleine Hinweis kann wichtig sein!

Polizei und Staatsanwaltschaft gehen davon aus, dass der Täter wahrscheinlich unter den Anwohnern des Sees oder den Wochenendurlaubern zu suchen ist. Inzwischen ist es die Fahndung nach dem Mörder. Acht Tage nach der Tat, am 24. Juli 1995, stirbt Yvonne im Cottbuser Krankenhaus an den schweren Verletzungen. Zu Bewusstsein ist sie nicht mehr gekommen.

Im Laufe der Ermittlungen geht die Polizei über 300 Hinweisen nach. Vielversprechend scheint die Beobachtung eines Zeugen zu sein, der am Tattag gegen 16.40 Uhr einen ungefähr 18- bis 21-jährigen Mann mit kurzen, dunklen Haaren am See gesehen hat. Nach den Angaben des Augenzeugen fertigt die Polizei ein Phantombild an, das die *Lausitzer Rundschau*, die *Bild*-Zeitung und andere Medien veröffentlichen. Der Täter soll mit einem metallic-silbernen oder metallic-grauen älteren BMW unterwegs gewesen sein. Hatte er auf Yvonne gewartet? Die Staatsanwaltschaft lobt zur Ergreifung des Täters 3.000 D-Mark aus.

Weiter bringt es die Kripo allerdings nicht. Der BMW-Fahrer wird nie gefunden. Als in Neuruppin ein 34 Jahre alter Mann aus dem Landkreis Ostprignitz-Ruppin festgenommen wird, der bei Rheinsberg eine 15-jährige Schülerin vergewaltigte und dann mit einem Fiat-Kleintransporter über eine Landstraße floh, wird auch dieser Spur nachgegangen, zumal der Mann nur einen Tag vor dem Verbrechen an Yvonne ein achtjähriges Mädchen bei Fehrbellin entführt und vergewaltigt haben soll. Doch wieder endet eine Spur im Nichts.

Am 3. August 1995 meldet sich bei der Kripo jemand, der den Mord an Yvonne begangen haben will. »Die Berichte, dass ein Kind totgetrampelt wurde, haben mich darauf gebracht, dass ich das gemacht habe. Ich war betrunken und habe auch keine Erinnerung mehr. Bestimmt habe ich aber etwas mit dem Schlimmen zu tun, was in der Nacht dort passiert ist«, sagt er aus. Zwei Monate später meldet er sich erneut bei der Polizei. Er sei dem Mädchen bei der Probefahrt mit einem BMW über den Kopf gefahren. Als er aus dem BMW ausgestiegen sei, habe eine aufgebrachte Menge ihn angeschrien. Es sind die Hirngespinste eines geistig kranken Menschen, der nach Angaben seiner Ärztin an »paranoid-halluzinatorischen Psychosen mit depressiven Zuständen« leidet.

Jürgen Kohlack verbringt das dritte Juli-Wochenende 1995 mit Ehefrau Melanie und seinem 16 Jahre alten Sohn Sven in seinem Elternhaus in der Teerofenstraße in Pinnow. Svens gleichaltriger Freund Heiko ist mit von der Partie. Kohlack, der als Metzger in einem Supermarkt in Guben arbeitet, hat ein schönes Stück Fleisch mit zum Pinnower See gebracht. Die Steaks hat er, als sie im Angebot waren, schon vor einiger Zeit gekauft und daheim im Froster aufbewahrt. Am Sonntag, so ist es geplant, soll es vor der Heimfahrt noch Gegrilltes geben.

Es ist bislang ein harmonisches Wochenende für die Kohlacks. Die Jungs schlafen in der Scheune im Heu, die Oma ist am Samstag wie immer zeitig ins

Bett gegangen, und Jürgen und Melanie hatten ausgiebig Zeit für- und miteinander. Seit 19 Jahren sind sie nun schon verheiratet und Eltern von zwei Kindern. Die Tochter ist kurz nach der Heirat geboren worden, Sohn Sven drei Jahre später. 23 Jahre alt war Jürgen Kohlack, seine Melanie vier Jahre jünger, als sich das Paar auf dem Standesamt das Jawort gab. Zugegeben, in der Sturm- und Drangzeit hat er »viel Mist« gebaut, wie es die Mutter in einem Gespräch mit dem Autor Jahre später formulierte. Nun ist er besonnener geworden an der Seite seiner Frau, seiner ersten großen Liebe. Auch Jürgen Kohlacks Mutter mag die Schwiegertochter.

Zu den über hundert Zeugen, die in den ersten drei Wochen nach dem Verbrechen an Yvonne vernommen werden, gehören auch die Kohlacks. Schließlich liegt das Grundstück in Sichtweite vom Fundort des Mädchens.

Die Familie verbrachte nach der Schilderung von Jürgen Kohlack einen ganz normalen Sonntag. Nach dem Mittagessen gingen Sven und sein Freund Heiko gemeinsam mit einem Jungen aus der Bungalowsiedlung nach draußen an die frische Luft. Er selbst habe im Wohnzimmer die TV-Live-Übertragung des Formel-1-Rennens aus Silverstone um den Großen Preis von Großbritannien angeschaut. Noch gut erinnern kann er sich an einzelne Situationen. An den Start um 15 Uhr natürlich, weil der für jeden Fan des Automobilrennsports unbedingt ein Muss ist. Er berichtet vom Zusammenstoß des Deutschen Michael Schumacher mit dem Briten Damon Hill, nach dem das Rennen für beide Fahrer frühzeitig zu Ende war. Kurz danach gab es einen weiteren Zusammenprall, diesmal zwischen dem späteren Sieger Johnny Herbert und David Coulthard, der am Ende Dritter wurde. Das war, so ergab die Überprüfung der Polizei, um 16.16 Uhr. Den Zieleinlauf, so behauptet Kohlack, habe er noch verfolgt. »Ich habe gesehen, wie man die Rennwagen in die Boxen zur Kontrolle gebracht hat, dann bin ich runter zum See, um die Jungs zu suchen. Wir wollten ja noch grillen. Dort aber waren sie nicht.« So erzählt er jedenfalls.

Am See hat Kohlack nach seinen Angaben kontrolliert, ob der Kahn am Landesteg angeschlossen war. Er sei kurz in das Wasser gesprungen und dann sofort zum Grundstück zurückgegangen, wo inzwischen auch Sven und sein Freund Heiko aufgetaucht waren. Weil das Fleisch noch gefroren war, habe man auf das Grillen verzichtet und sei nach Hause gefahren. Allerdings nicht auf dem sonst üblichen, weil kürzesten Weg, vom Grundstück nach links über die Teerofenstraße Richtung Lübbinchen zur B 97 und dann nach Guben. »Ich bin nach rechts abgebogen zum Campingplatz, um dem Freund meines Sohnes, der zum ersten Mal mit am See war, auch die andere Seite zu zeigen.« Kohlack gibt an, dass sie einem Ehepaar mit zwei Hunden begegneten und in etwa 150 Meter Entfernung auf der Seewiese einen Mann mit Fahrrad bemerkten. Die Beschreibung des Unbekannten fällt allerdings dürftig aus. »Aufgrund der Entfernung kann ich diesen nicht näher beschreiben. Ich erinnere mich nur an eine dunkle Hose und ein helleres Oberstück, Pullover oder T-Shirt.« Die Ankunftszeit in Guben gibt er ziemlich exakt an. »Im Wohnzimmer habe ich auf die Uhr geschaut. Diese zeigte so zwei bis drei Minuten nach 17.30 Uhr an.«

Die Auswertergruppe der Sonderkommission vergleicht akribisch alle Zeugenaussagen vor allem im Hinblick darauf, wer wen zu welcher Zeit und wo gesehen oder getroffen haben will. Widersprüche werden erkennbar. Auffällig für die Ermittler ist das Bemühen von Kohlack, ein wasserdichtes Alibi für die mutmaßliche Tatzeit abzuliefern. Will er möglicherweise jemanden schützen?

Die Staatsanwaltschaft beantragt beim Generalbundesanwalt eine Auskunft zu Jürgen Kohlack aus dem Zentralregister, in dem Urteile deutscher Strafgerichte mit dem Grund und der Höhe der Bestrafung von Frauen und Männern sowie von Heranwachsenden enthalten sind. Als den Ermittlern der Registerauszug vorliegt, schrillen die Alarmglocken. Jürgen Kohlack wurde in der DDR durch das Kreisgericht Guben zwischen 1976 und 1981 dreimal zu Haftstrafen verurteilt. Im Oktober 1976, Kohlack war frisch verheiratet und die Frau mit der Tochter schwanger, lautete das Urteil ein Jahr Freiheitsentzug auf Bewährung wegen unbefugter Benutzung von Kraftfahrzeugen. Das ist ein harmloses Vergehen gemessen an den zwei folgenden Straftaten. Im Februar 1977 verhängte das Gericht in Guben gegen Kohlack eine Freiheitsstrafe von eineinhalb Jahren wegen mehrfach versuchter Vergewaltigung. Er musste dafür ins Gefängnis. Eine Reststrafe wurde vom Gericht zur Bewährung ausgesetzt, die Aussetzung aber später widerrufen. Kohlack wurde wieder straffällig. Mehrfach, wenn ihm die Situation günstig erschien, hatte er Frauen im Stadtgebiet von Guben überfallen, brutal geschlagen und vergewaltigt. Wegen schwerer, mehrfach vollendeter und versuchter Vergewaltigung, schwerer und versuchter Nötigung zu sexuellen Handlungen und vorsätzlicher Körperverletzung musste er für fünf Jahre ins Gefängnis. Seit der Entlassung im März 1987 führt er allerdings ein straffreies Leben. Der gelernte Fleischer konzentriert sich auf seine Familie und verbringt seine Freizeit, sooft es geht, auf dem elterlichen Grundstück am Pinnower See, das von der Mutter nach dem Tod ihres Mannes allein bewohnt und bewirtschaftet wird.

Am Morgen des 8. August 1995 holen zwei Polizeibeamte Kohlack von seiner Arbeitsstelle, der Wurst- und Fleischabteilung eines Supermarktes in Guben, ab und bringen ihn nach Cottbus ins Polizeipräsidium am Bonnaskenplatz. Neben den Kriminalisten der MUK ist auch Staatsanwalt Horst Helbig vom Dienstsitz seiner Behörde in der Karl-Liebknecht-Straße in die Polizeizentrale für die Lausitz und das Elbe-Elster-Land geeilt. In den Diensträumen der Polizei kommt es zunächst zu einem Streit zwischen dem Chef der MUK und dem Staatsanwalt. Helbig hat festgelegt, dass er die Vernehmung im Beisein eines Kriminalkommissars selbst führt. Er will Kohlack zunächst noch einmal als Zeugen im Fall des ermordeten Mädchens befragen, obwohl er bereits am Vortag die Haftrichterin in Cottbus informierte, dass seinerseits mit dem Antrag auf Erlass eines Haftbefehls gegen einen Tatverdächtigen gerechnet werden könnte. Für die MUK-Ermittler ist der Fleischer aus Guben aufgrund von Aussagen, die Anwohner aus der Bungalowsiedlung machten und die mit den zeitlichen Angaben von Kohlack nicht übereinstimmen, ohnehin dringend verdächtigt, Yvonne getötet zu haben. Sie wollen ihn sofort als Beschuldigten vernehmen, ein Status, dem in einem Ermittlungsverfahren besondere Bedeutung zukommt. Zudem befürchten die Kriminalisten, dass die Staatsanwaltschaft den Ermittlungserfolg für sich in Anspruch nehmen möchte, obwohl den doch die Kripo erzielte und ihr die Anerkennung gebührt. Längst schon war nämlich der Fall der »Sexbestie vom Pinnower See«, die Yvonne sexuell missbrauchte und dann brutal mit Fußtritten tötete, in den Medien zu einem Schlagzeilen produzierenden Thema geworden.

Der Staatsanwalt als Herr des Ermittlungsverfahrens setzt sich durch. Die Zeugenvernehmung bringt keine neuen Erkenntnisse. Sie wird, wie erwartet, eine Stunde nach Beginn abgebrochen. Staatsanwalt Helbig macht Kohlack klar: »Die von Ihnen geschilderten Bewegungsabläufe und die sich aufgrund der Weg-Zeit-Verhältnisse ergebenden Zeiten sind nicht in Übereinstimmung zu bringen, sondern begründen den Verdacht, dass Sie versuchen, sich für die in Betracht kommende Tatzeit ein Alibi zu schaffen. Deshalb«, so belehrt ihn Helbig, »gelten Sie fortan als Beschuldigter, der das Recht hat, zu schweigen und sich mit einem Rechtsanwalt zu besprechen.«

Der Tatverdächtige verzichtet nach kurzer Bedenkzeit darauf und fragt lediglich: »Wie belastend sind denn die Beweise?« Die Antwort des Staatsanwaltes ist eindeutig: »So, dass gegen Sie dringender Tatverdacht besteht und Sie auch mit der Antragstellung auf Erlass eines Haftbefehls beim zuständigen Gericht rechnen müssen.«

Danach folgt ein zähes Ringen um die Wahrheit, die in einem 33 Seiten umfassenden Protokoll festgehalten und Seite um Seite vom Beschuldigten unterschrieben wird.

Sonntag, 16. Juli 1995. Jürgen Kohlack schaut sich tatsächlich, zunächst gemeinsam mit seiner Frau, die Übertragung des Formel-1-Rennens an. Gegen 16.20 Uhr, zwei Runden nach dem Fast-Zusammenstoß der Rennfahrer Herbert und Coulthard, und nicht erst nach dem Zieleinlauf, wie er später behauptet, sieht er beim Blick aus dem Wohnzimmerfenster die zwölf Jahre alte Yvonne auf dem Weg Richtung Südufer, der am Grundstück vorbeiführt. Das Mädchen ist nur mit einem Badeanzug und einem T-Shirt bekleidet. Er schätzt es älter ein, auf 15, vielleicht sogar 16 Jahre. Da sei ihm der Gedanke gekommen, dass er mal wieder »etwas Junges« haben müsse. »Ich habe sie gesehen, und dann bin ich ausgerastet«, sagt Kohlack. Es übermannt ihn, sich einen »Kick« zu gönnen und den Teenager zu vergewaltigen. Das Autorennen interessiert ihn fortan nicht mehr. Den Verlauf und den Ausgang kann er sich auch noch später in Sportsendungen anschauen.

Unbemerkt von Ehefrau Melanie, die gerade aus dem Zimmer gegangen ist, verlässt er, barfuß und nur mit einer Badehose bekleidet, durch eine Nebentür das Haus. Weit und breit ist in diesem Abschnitt des Sees keine Menschenseele zu sehen. Nach etwa 400 Metern, an einer Stelle, wo der Weg eine Biegung macht und von Wald und Dickicht umsäumt ist, kommt ihm Yvonne entgegen, die zum Bungalow der Großeltern will. Ohne zu zögern und überfallartig fasst er das Opfer mit seinem rechten Arm an der Schulter, hält es mit der anderen Hand fest und zieht es 20 Meter vom Weg in Richtung See in das mit Unterholz wild bewachsene Waldstück. Hinter einem Heuhaufen, der gegen die Sicht vom Weg aus gut schützt, reißt er das Mädchen nieder. Mit der rechten Hand fasst er unter den Badeanzug an das Geschlechtsteil und führt seinen Zeigefinger in die Scheide des Kindes ein. Yvonne schreit auf. »Du tust mir weh, lass mich gehen.« Es ist der Schrei des um sein Leben kämpfenden Mädchens, den das Ehepaar auf seinem Spaziergang hörte und als Ausruf überraschter Liebender, die man nicht stören wollte, falsch interpretierte. Kohlack zieht seine Hand zurück. Das Opfer kann sich aufrichten und hinknien. Aus Furcht, entdeckt zu werden und wegen der versuchten Vergewaltigung wieder im Gefängnis zu landen, erfasst er mit beiden Händen den Hals des Opfers und drückt mindestens eine Minute lang kräftig zu, bis es ohnmächtig zusammensackt.

Frage des Staatsanwaltes: »Und dann?«

Antwort: »Na, und dann habe ich mit dem Knüppel zweimal zugeschlagen.«

Frage: »Wie weit lag der Knüppel weg?«

Antwort: »Der lag nicht weit weg, der lag direkt daneben.«

Frage: »Haben Sie beim Schlagen gestanden, gekniet oder gelegen?«

Antwort: »Ich habe gestanden.«

Der Vernehmer kommt noch einmal auf das Würgen zurück.

Frage: »Haben Sie dem Mädel beim Würgen ins Gesicht gesehen? Haben Sie etwas gesehen?«

Antwort: »Ja, sie ist blau angelaufen.«

Frage: »Was haben Sie noch gesehen?«

Antwort: »Dass sie hier, ich weiß jetzt nicht genau wo, aufgerissen war.«

Der Beschuldigte zeigt mit seinem Finger auf den Bereich der rechten Augenbraue.

Frage: »Und, was war da?«

Antwort: »Na, wie aufgerissen, dass sie wahrscheinlich beim Durchs-Gebüsch-Ziehen, dass sie sich da irgendwie aufgekratzt hat oder was.«

Frage: »Woran haben Sie das erkannt?«

Antwort: »Na, weil … das hat geblutet.«

Frage: »Hatte das Mädel das vorher schon, als Sie ihr begegnet sind?«

Antwort: »Nein.«

Frage: »Das haben Sie erst bemerkt beim Würgen?«

Antwort: »Ja, da habe ich das erst gesehen.«

Jürgen Kohlack bleibt, sooft er auch gefragt wird, dabei, dass er Yvonne mit einem Knüppel erschlagen hat. Die Gerichtsmedizinerin schließt das in ihrem Obduktionsgutachten aus. »Bei Schlägen mit einem Ast hätte es Hautdurchtrennungen geben müssen. Die waren aber nicht da«, heißt es zur Begründung. Sehr wahrscheinlich seien die Kopfverletzungen durch Tritte verursacht worden.

War Jürgen Kohlack »das Tottrampeln«, wie Zeitungen zuvor mehrfach geschrieben hatten, selbst zu brutal, zu menschenverachtend? Die Frage bleibt unbeantwortet. Als er nach dem Verhör aus dem Vernehmerzimmer geführt wird, sagt er, bezugnehmend auf seine Vorstrafe wegen mehrfacher Vergewaltigung von Frauen 1982 in Guben, zu Staatsanwalt Helbig: »13 Jahre habe ich durchgehalten.«

Nach den Tritten verlässt der mutmaßliche Täter fluchtartig den Ort des Verbrechens. Er geht, immer darauf achtend, dass er nicht entdeckt wird, hinunter zum See. Im Schutz des Schilfgürtels begibt er sich zur Kahnanlege- und Badestelle, die die Familie üblicherweise nutzt. Dort wird er von einem Ehepaar aus der Nachbarschaft gesehen und begrüßt. Kohlack erwidert den Gruß und tut so, als suche er dort etwas. Kurz darauf springt er ins Wasser und schwimmt eine kleine Runde.

»Da seid ihr ja«, ruft er dem Sohn und dessen Freund zu, als er sie bei seiner Rückkehr auf dem Grundstück der Mutter bemerkt. »Los, holt eure Sachen aus der Scheune und packt sie ins Auto«, fordert er die beiden auf. Im Haus treibt er die Ehefrau zur Eile an. »Das Fleisch ist noch steinhart, das können wir so nicht grillen«, ist seine Begründung. »Leg es wieder in den Froster. Wir grillen es dann eben am kommenden Wochenende«, weist er seine Mutter an.

Trotz der offensichtlichen Eile beim Aufbruch nimmt er nicht den kürzesten und wie sonst üblichen Weg, sondern fährt nach rechts vom Grundstück in die entgegengesetzte Richtung und damit vorbei am Tatort. Etwas Auffälliges bemerkt Jürgen Kohlack nicht. Keine Rede mehr ist davon, dass er Heiko den See von der anderen Seite aus zeigen wollte. Warum auch, wo der doch, anders als zuvor behauptet, schon mehrmals zu Besuch bei den Kohlacks in Pinnow war.

Wenige Tage nach der Verhaftung des mutmaßlichen Täters und dem Erlass des Haftbefehls durch eine Amtsrichterin in Cottbus, vor der der wahrscheinliche Mörder sein Geständnis wiederholt hat, schaltet sich ein Rechtsanwalt aus Berlin ein in das Verfahren, das noch lange für Schlagzeilen sorgen sollte. Dass Jürgen Kohlack unmittelbar danach sein Geständnis, den »König der Beweise«, widerruft, überrascht nicht. Begründet wird die Abkehr von den Aussagen mit der Stresssituation durch die Vernehmungen. Möglicherweise habe sein Mandant »aufgrund massiver Vorwürfe der Kriminalisten eine subjektive Ausweglosigkeit abgeleitet und die Tat gestanden«, wird der Anwalt in der *Lausitzer Rundschau* zitiert. Zum Geschehen am See sagt Kohlack fortan kein Wort mehr.

Im September 1995 erhebt die Staatsanwaltschaft

Cottbus Anklage gegen den 42 Jahre alten Jürgen Kohlack wegen Mordes zur Verdeckung einer Sexualstraftat an der zwölf Jahre alten Yvonne Ludrichs.

Im Juni 1996 beginnt der Prozess am Landgericht Cottbus. Drei Verteidiger sitzen an der Seite von Jürgen Kohlack. Die Staatsanwaltschaft schickt zwei Beamte als Vertreter der Anklage zu den Verhandlungen im Saal 209 des Landgerichtes auf dem Cottbuser Gerichtsberg. Staatsanwalt Horst Helbig, dem der Angeklagte die Tat bei der Vernehmung am 8. August 1995 gestand, gehört nicht zu den Sitzungsvertretern. Ihm fällt in diesem außergewöhnlichen Prozess die Rolle eines Zeugen zu.

Die Hauptverhandlung beginnt am 5. Juni 1996 und wird geprägt von einer Vielzahl von Anträgen der Verteidigung. Hunderte Seiten Papier werden vollgeschrieben mit Besetzungsrügen für das Gericht, Befangenheitsanträgen gegen Richter und Schöffen oder der Präsentation einer Reihe von vermeintlichen Tatverdächtigen. Anzeigen gegen Klinikärzte werden erstattet wegen des Verdachts, dass die intensiv-medizinische Betreuung des Opfers nicht fachgerecht erfolgt und Yvonne deshalb verstorben sei. Vor allem aber geht es darum, dass das Geständnis vor dem Staatsanwalt als Beweismittel nicht zugelassen werden darf. Der Mitschnitt auf Tonband sei gegen den Willen des Angeklagten erfolgt, und zudem enthalte die Abschrift Abweichungen vom Gesagten. Die Verteidigung will deshalb die Aussetzung des Haftbefehls und die Freilassung ihres Mandanten durchsetzen und formuliert auf 28 Seiten die Begründung. Inzwischen mischt ein angeblich reicher Geschäftsmann aus Düsseldorf mit, der nicht nur die Honorare der Verteidiger finanzieren, sondern auch noch eine Million D-Mark als Kaution für die Freilassung von Kohlack bereitstellen möchte. Und tatsächlich rollt am Tag der Entscheidung über die Aussetzung der Untersuchungshaft eine Nobelkarosse der Marke Jaguar mit dem Verteidiger aus Berlin und dem reichen Gönner aus Düsseldorf vor dem Cottbuser Gericht vor.

Das »Kleingeld« bleibt jedoch im Koffer und der Angeklagte in der U-Haft. Während des Haftprüfungstermins zieht die Verteidigung ihren Antrag auf Haftverschonung zurück. Ob die Million tatsächlich im Aktenkoffer war, bleibt unklar. Zweifel kommen auf an der Seriosität des Düsseldorfer Geschäftsmannes und des von ihm angeblich angeführten »Sponsorenpools« von mehreren Industrieunternehmen. Tage später strahlt der Fernsehsender Pro 7 einen Bericht aus, wonach ein Gerichtsvollzieher bei dem Gönner aus Nordrhein-Westfalen eine gerichtlich angeordnete Pfändung durchsetzen wollte. Etwas Brauchbares habe der jedoch nicht gefunden. Zeitungen vermelden, dass in Krefeld beim dortigen Schöffengericht gegen den Geschäftsmann eine Anklage wegen mutmaßlicher Konkursverschleppung und Betrugs vorliegt.

Am 21. Verhandlungstag geschieht etwas, was zum Scheitern des Prozesses führt. Während eines Termins am Pinnower See will sich das Gericht einen Überblick über die Örtlichkeiten verschaffen. Als bekannt wird, dass die Mutter des Angeklagten dem Verteidiger für diese Zeit das Hausrecht übertragen hat, platzt dem Vorsitzenden Richter der Kragen. Er sagt die »Freiluft-Verhandlung« kurzerhand ab. Auf dem Dach seines Autos formuliert der Berliner Verteidiger handschriftlich auf einem Blatt Papier einen Befangenheitsantrag. Mit dem bis dahin 13. Antrag dieser Art hat er Erfolg. Eine andere Strafkammer des Landgerichtes erklärt den Vorsitzenden Richter in einer umstrittenen Entscheidung als befangen. Gerüchte machen die Runde, wonach atmosphärische Störungen innerhalb des Gerichtsbetriebes dabei eine Rolle gespielt hätten. Der Prozess ist beendet und muss neu aufgerollt werden. Der abgelehnte Vorsitzende Richter der Schwurgerichtskammer wird später bis zu seiner Pensionierung Chef des Cottbuser Landgerichtes und in Ehren aus seinem Amt in den Ruhestand verabschiedet.

Die Neuauflage des Prozesses beginnt im Februar 1997. In diese Zweitauflage geht der Angeklagte als unbescholtener, nicht vorbestrafter Mann. Kohlacks Vorstrafen sind aus dem Bundeszentralregister nach Ablauf der Fristen gelöscht und dürfen bei einem Urteil nicht mehr herangezogen werden.

Ein an das Gericht in Cottbus abgeordneter Richter aus Düsseldorf übernimmt den Vorsitz. Zu den meisten der Verhandlungstage reist er extra aus der nordrhein-westfälischen Landeshauptstadt an. Es gehen wieder viele Prozesstage ins Land. Erneut hagelt es Besetzungsrügen für das Gericht und einen Befangenheitsantrag gegen einen anerkannten psychiatrischen

Sachverständigen aus Dresden. Auf 120 Seiten wird seitens der Verteidigung ein Begehren auf Einstellung des Verfahrens formuliert. Eine zuvor vom brandenburgischen Oberlandesgericht mit deutlichen Worten formulierte Kritik an der langen Verfahrensdauer aufgrund einer Flut vorwiegend unsinniger und erkennbar aussichtsloser Anträge der Verteidigung verpufft ohne Wirkung.

Für die Angehörigen des ermordeten Mädchens wird diese Forderung zur Beendigung des Prozesses zu einer kaum noch zu ertragenden, schmerzlichen Belastung. Rechtsanwalt Hartmut Sinapius, der der Mutter Yvonnes als Nebenklägerin im Prozess juristisch zur Seite steht, erinnert sich später an viele Gespräche mit ihr und Yvonnes Vater, und an viele Fragen, die letztlich auf eine einzige hinauslaufen, die all den Schmerz bündelt: »Warum müssen wir nach dem Verlust unserer Tochter auch noch diese Demütigungen ertragen?« Denn als solche empfinden sie diesen und viele andere Vorstöße der Kohlack-Anwälte, die für sie nichts anderes sind als juristisches Taktieren, welches mit der Aufklärung des Mordes am Pinnower See nichts zu tun hat. »Jeder Antrag war ein Stich ins Herz der Angehörigen«, beschreibt Sinapius diese Gefühlswelt. »Die Opferseite geht ja immer davon aus, dass der Angeklagte der Täter ist, der schnell und mit aller Härte verurteilt werden muss. Jeder Antrag barg aus ihrer Sicht die Gefahr, dass der Mörder ihrer Tochter ungeschoren davonkommen könnte.«

Und das trifft bei der Mutter unter dem Eindruck ihrer eigenen Anhörung als Zeugin noch in besonderem Maß zu, weil sie in aller Öffentlichkeit des Prozesses zu intimsten Fragen der Verteidiger über ihr Leben Auskunft geben sollte. »Die hatten doch gar nichts mit der Tat und ihrer Aufklärung zu tun. Von der Unantastbarkeit der Würde des Menschen, die die Verteidigung mehrfach für ihren Mandanten angemahnt hatte, war für meine Mandantin nichts mehr zu spüren«, so Sinapius. Zusätzliche Last sei Yvonnes Mutter aufgebürdet worden durch öffentlich erhobene Vorwürfe, dass sie am Prozess kaum Interesse habe, weil sie selten im Gerichtssaal anwesend sei. »Ich habe sie mit Absicht von den Verhandlungen ferngehalten, um sie zu schützen. Die wichtigsten Dinge haben wir intern besprochen«, erklärt der Rechtsanwalt später. »Unbegreiflich war der Widerruf des Geständnisses durch den Angeklagten und sein darauf folgendes Schweigen im Prozess, weil die Angehörigen dadurch nämlich ohne jede Information über das, was wirklich geschehen ist, hilflos zurückgelassen werden. Ein solches Schweigen wirkt auf Angehörige zwar wie ein Eingeständnis des Verbrechens, allerdings ohne geringste Anzeichen von Reue darin zu erkennen.«

Mindestens zehn andere Tatverdächtige will die Verteidigung ausgemacht haben. Einer von ihnen ist ein junger Mann aus Vetschau im Spreewald. Im August 1997 traf er am Vetschauer Mühlenfließ ein Mädchen und einen Jungen beim Angeln. Er überredete das sieben Jahre alte Mädchen, mit ihm zu kommen. Beide radelten in den nahe gelegenen Wald. Dort forderte er das Kind auf, sich auszuziehen. Als es sich weigerte, würgte er sein Opfer bis zur Bewusstlosigkeit und schlug mit einem Ast auf den Kopf des Mädchens ein, das zum Glück überlebte. Die Jugendstrafkammer des Landgerichtes verurteilte den Täter wegen sexuellen Missbrauchs und gefährlicher Körperverletzung zu viereinhalb Jahren Gefängnis und ordnete für den nervenkranken Mann die anschließende Unterbringung in einem psychiatrischen Krankenhaus an.

Übereinstimmungen mit der Tat an Yvonne sind erkennbar. Mit dem Mädchenmord am Pinnower See aber hat der Mann aus Vetschau nichts zu tun, weil er Helfer in einem Zirkus war, der im Juli 1995 im Saalepark bei Leipzig gastierte.

Nicht anders lautet das Ergebnis bei einem Mann, der wegen sexueller Taten an seiner Stieftochter verurteilt worden war und am 16. Juli 1995 Hafturlaub aus der Justizvollzugsanstalt Cottbus auf dem Campingplatz am Ostende des Pinnower See verbrachte. Als Zeuge befragt, gibt er an, dass er gemeinsam mit seiner Ehefrau um 14.30 Uhr vom See zurück in die Wohnung gefahren sei, um sich pünktlich zum Ablauf seiner Urlaubszeit um 17.30 Uhr wieder in der Haftanstalt einzufinden. Dort meldete er sich vorzeitig, nämlich um 17.15 Uhr. Eine Überprüfung durch die Kripo ergibt, dass er bei Missachtung aller Geschwindigkeitsvorschriften auf der Rückfahrt zur Tatzeit um 16.40 Uhr noch am Pinnower See gewesen sein könnte. »Auch nur den geringsten Hinweis, dass er sich zu der entscheidungserheblichen Zeit dort aufgehalten haben könnte, hat die Hauptverhandlung nicht ergeben«, steht dazu im Urteil des Gerichtes.

Fast genau zwei Jahre nach dem Geständnis von Jürgen Kohlack im August 1995 vor Staatsanwaltschaft und Haftrichterin nimmt Staatsanwalt Horst Helbig auf dem Zeugenstuhl im Cottbuser Schwurgerichtssaal Platz. Alle Versuche der Verteidigung, das Geständnis wegen angeblicher Rechtsverstöße nicht zuzulassen, sind ins Leere gelaufen. Helbigs Ausführungen zum Ablauf der Vernehmungen sowie der im Gerichtssaal abgespielte Tonbandmitschnitt belasten den Angeklagten. Vor allem die darin enthaltenen Aussagen zur Verletzung an der rechten Augenbraue von Yvonne wiegen schwer. »Das konnte nur der Täter wissen«, erklärt Helbig. In der Öffentlichkeit wurde diese kleine, unscheinbare Wunde nie erwähnt. Der Täter sei nach dem Geständnis regelrecht erleichtert gewesen und habe, in Anspielung auf seine frühere Freiheitsstrafe wegen Vergewaltigung spontan gesagt: »13 Jahre habe ich durchgehalten.«

Die Verteidigung, die Helbig immer wieder vorgeworfen hat, das Geständnis mit »üblen Methoden erpresst« zu haben, verzichtet überraschend auf jegliche Befragung des Staatsanwaltes. Vielmehr folgt erneut eine Flut von Anträgen, etwa auf Einbeziehung einer Wahrsagerin, auf Auswertung von Bildern der amerikanischen Weltraumbehörde NASA oder auf Einsatz eines Lügendetektors. Dem wollte sich der schweigsame Angeklagte angeblich bei einer Aussage stellen.

Einmal soll der psychiatrische Sachverständige aus dem Gerichtssaal und dem gesamten Verfahren verbannt werden, weil er in einer Verhandlung ein Jahr zuvor zeitweise geschlafen habe. Ein anderes Mal wird die Verhandlungsunfähigkeit des Angeklagten ins Spiel gebracht. Die Begründung: Während einer langen Unterbrechung zur Prüfung von Anträgen auf Sinn und Rechtmäßigkeit durch die Richter am Vormittag habe er sich im kalten Verwahrraum des Gerichtes erkältet. Die Verteidigung meint: »Er braucht jetzt ein heißes Bad.«

Viermal in den kommenden Wochen und Monaten muss die Staatsanwaltschaft ihr Plädoyer halten. Jedes Mal fordert sie für den Angeklagten eine lebenslange Freiheitsstrafe. Und jedes Mal kontert die Gegenseite mit neuen Anträgen.

Den ersten Prozess mit eingerechnet, kann das Landgericht Cottbus endlich am 137. Verhandlungstag, am 3. Mai 1999, sein Urteil verkünden. Es sieht die Schuld von Jürgen Kohlack als erwiesen an und verhängt gegen ihn wegen Mordes und versuchter Vergewaltigung eine lebenslange Freiheitsstrafe. Die Revision des Angeklagten verwirft der Bundesgerichtshof über ein Jahr später, im Oktober 2000.

Den Angehörigen ist damit eine kaum zu ertragende Last genommen. Yvonnes Vater äußert nach dieser Entscheidung in der *Lausitzer Rundschau* spürbar bewegt seine Erleichterung. »Der Tod von Yvonne bleibt unfassbar. Solch ein Verbrechen kann man nie völlig verarbeiten, auch wenn die Zeit Wunden heilt.

Schmerzlich war aber auch der Gerichtsprozess. Nun hoffe ich, dass unsere Yvonne endlich Ruhe findet.«

Am Pinnower See, in unmittelbarer Nähe zum Ort des Grauens an der Teerofenstraße, steht zur Mahnung und zum Andenken an das ermordete Kind ein Schild, das mit Blumen geschmückt ist.

Yvonne
Am hellen Tag, den 16. Juli 1995
MISSHANDELT und MISSBRAUCHT
In diesem Waldstück, nur 20 m von hier.
Gestorben am 24. Juli 1995 im Alter
von 12 Jahren an den Folgen dieser Tat.

Achtet auf Eure Kinder,
auch auf die Kinder Eurer Nachbarn.
Helft mit,
ihnen ein solches Schicksal zu ersparen.

PS. Kohlack verbüßte beim Druck dieses Buches noch immer seine Strafe in der JVA Cottbus. Auf die Bitte des Autors um eine Kontaktaufnahme erfolgte keine Reaktion.

»Jung gefreit …«

»Jung gefreit hat nie gereut«. Die alte Volksweisheit besagt, dass junges Glück zwischen Frau und Mann anhalten würde, »bis dass der Tod euch scheidet«.

Jung waren Oliver Römer und seine Bianka aus Hoyerswerda, als sie sich im Juni 1987 auf dem Standesamt das Jawort gaben. Bianka war 19 Jahre alt, Oliver nur ein Jahr älter. Nun war früh zu heiraten in der DDR normal. Spätestens mit 26 Jahren sollten die Hochzeitsglocken geläutet haben und Kinder gezeugt worden sein, schließlich förderte der sozialistische Staat seit 1972 solche Ehen mit einem zinslosen Kredit von zunächst 5.000, später von 7.000 Mark. Damit konnten sich junge Paare ihr eigenes Zuhause aufbauen, mit Schrankwand, Ehebett, Kühlschrank und Waschmaschine. An knappe Möbel wie etwa eine Schrankwand kamen Jungverheiratete in den Warenhäusern sogar noch eher heran als Kunden älterer Semester. Und mit der Geburt von Kindern verringerte sich die Kreditsumme, die zurückzuzahlen war. Dass nach der Tilgung des Kredits dann zuweilen schnell die Scheidungspapiere bei Gericht eingereicht wurden, war eine missliche Begleiterscheinung, die die DDR zum »Scheidungsweltmeister« machte. Es war gleichzeitig aber auch Ausdruck von Selbstbewusstsein und wirtschaftlicher Unabhängigkeit der vollbeschäftigten Frauen und Mütter, die nicht am Geldtropf des Ehemannes hingen.

Doch selbst für DDR-Heiratswillige waren Bianka und Oliver sehr jung. In einer Landwirtschaftlichen Produktionsgenossenschaft (LPG), die auf den Pflanzenbau spezialisiert war, hatten sich beide kennengelernt. Oliver hatte gerade seine Lehre zum Agrotechniker beendet, Bianka steckte noch mitten in der Ausbildung. Die Liebe entflammte schnell und heftig, so dass Bianka sogar ihre beste Freundin Tanja ins Abseits stellte. Dabei hatten sie bis dahin zusammengeklebt wie Pech und Schwefel. Geheimnisse zwischen den Mädchen gab es nicht. Das änderte sich, als Oliver in Biankas Leben trat. Für die damals 17-Jährige gab es nur noch »Oli«. Schon nach wenigen Wochen wollte sie daheim die Sachen packen, doch der Vater schob dem einen Riegel vor, bestand darauf, dass die Tochter wenigstens noch zu Hause nächtigte und nicht schon beim Geliebten in Lauta, einer Kleinstadt in der Nähe von Hoyerswerda, wo dieser bei der Mutter in einer kleinen Zweiraumwohnung lebte.

Lange scherte sich Bianka allerdings nicht um das Gebot des Papas, wenigstens die Nächte daheim zu verbringen, und zog zum Freund.

In der Hochzeitsmusik, die für das junge Paar Anfang Juni 1987 erklang, schwangen bereits Misstöne mit. Die Eltern von Bianka standen der Beziehung ihrer Tochter eher ablehnend gegenüber, statt freudig erregt über das Glück ihres Kindes zu sein. Vor allem der Vater hegte gegen den angehenden Schwiegersohn eine Abneigung wegen dessen schlechter Manieren. Bianka wiederum empfand die Hinweise und Ratschläge der Schwiegermutter etwa zu häuslicher Reinlichkeit eher als Zurechtweisung denn als gut gemeinte Anregung einer erfahrenen Frau. Gemeinsamkeiten gab es dennoch: Die Eltern beiderseits waren sich einig, dass ihre Kinder von ihren Charaktereigenschaften und Lebensauffassungen her nicht zueinander passten. Die jungen Leute wiederum wehrten sich ihrerseits gegen die Bevormundung durch die »alten Herrschaften«.

Sechs Monate nach der Hochzeit wurde Baby Daniel geboren. In der kleinen Wohnung in Lauta mit drei Generationen unter einem Dach verschlechterten sich die Beziehungen weiter. Die Schwiegertochter kümmere sich zu wenig um Haushalt und Kind, verbringe ihre Zeit mit unwichtigen Dingen, und sogar den Nachbarn würde auffallen, dass sie mit dem Baby kaum an die frische Luft ginge und stattdessen am offenen Fenster eine Zigarette nach der anderen rauche, beschwerte sich Olivers Mutter bei Verwandten und Bekannten.

Die Spannungen belasteten das junge Paar. Immer häufiger kam es wegen der Streitereien mit den jeweiligen Schwiegereltern, aber auch wegen unterschiedlicher Auffassungen zwischen den frisch Vermählten zu Auseinandersetzungen und sogar zu Tätlichkeiten.

Schon ein Jahr nach der Hochzeit packte die junge Frau Römer ihre Sachen und flüchtete mit Kind und Kegel nach Hause zur inzwischen geschiedenen Mutter. Oliver sah die Schuld bei seiner Mutti und kehrte ihr den Rücken, um seiner Ehefrau zu folgen. Doch in Hoyerswerda fand er bei der Schwiegermutter keinen

Einlass, schlief nächtelang auf Parkbänken im Freien oder in Aufenthaltsräumen der LPG, bis er auf Drängen von Bianka doch noch beherbergt wurde.

Der Burgfriede brach schnell. Die Beziehungen wurden insgesamt immer verworrener, die Trennung des jungen Paares schien unausweichlich. Sogar die entsprechenden Papiere lagen bereit, zumal Bianka sich zunehmend intensiver wieder ihrer einst besten Freundin Tanja und lockeren Disko-Besuchen zuwandte, was ihr vom Ehemann auch Ohrfeigen einbrachte, weil er schließlich der »Herr im Hause« sei.

Und doch schienen sich die offensichtlichen Risse im Ehegefüge wieder kitten zu lassen, als die junge Familie Römer endlich in eine eigene Wohnung im Zentrum der Neustadt von Hoyerswerda einziehen konnte. Zusammenhalt, gute Laune und Zuneigung wurden heimisch, die Scheidungspapiere verschwanden im Schrank.

Bis Ostern 1989. Friede und gegenseitige Annäherung waren nach kurzer Verweildauer bereits wieder aus der gemeinsamen Wohnung ausgezogen. Die Scheidungspapiere aus dem Schrank lagen erneut auf dem Tisch. Der Ostersonntag verlief dennoch friedlich. Der Osterhase war da, und Söhnchen Daniel ganz aus dem Häuschen. Gefreut hatte sich der Kleine über das neue Spielzeug, das Meister Langohr gebracht hatte. Jetzt, am Abend, schlief der 15 Monate alte Junge in seinem Bettchen im Schlafzimmer der Eltern. Ob er vom Osterhasen träumte? Von dem kleinen Stoffküken, das er gefunden hatte? Was träumen Kleinkinder in diesem Alter? Vom Osterhasen? Von Mama? Von Papa?

Furchtbares geschieht in dieser Nacht von Ostersonntag zu Ostermontag.

Friedlich österlich ist die Stimmung zwischen den Eheleuten längst nicht mehr. Sie streiten über die Gütertrennung bei der Scheidung. »Ich nehme alles mit, was ich in die Ehe eingebracht habe. Du kannst die Wohnung behalten und die Möbel«, legt Oliver fest. »So einfach nicht, mein Lieber. Darüber soll das Gericht entscheiden«, kontert Bianka. »Das Sorgerecht für Daniel will ich haben. Du kümmerst dich ja ohnehin nicht um ihn. Gehst lieber in die Disko«, beharrt er. »Ich bin die Mutter, ich will das Sorgerecht«, macht sie ihm klar.

Die Auseinandersetzung eskaliert. Oliver schlägt seine Frau, versetzt ihr Ohrfeigen, nimmt ihr die Straßenbekleidung weg und sperrt sie im Badezimmer ein, wohin sie flüchtete und wo sie aufgebracht einige Zigaretten raucht, um sich zu beruhigen. Schließlich lässt er die Noch-Ehegattin wieder frei. Sie geht ins Schlafzimmer, er setzt sich im Wohnzimmer in den Sessel und schaut sich im Fernsehen einen Film an.

Die Uhr zeigt 20 Minuten nach zehn, als Oliver sich neben seine Frau ins Bett legt. »Entschuldige, ich war aufgebracht. Ich schlage dich nie wieder. Bitte verzeih mir«, versucht er eine Annäherung und legt einen Arm um Bianka. Oder genauer, er versucht es. Die aber weist ihn ab. Die Situation spitzt sich zu. Wütend ob der Zurückweisung dreht er seine Angetraute auf den Rücken, zieht ihr gewaltsam den Slip aus und schiebt ihr das Flatterhemd über die nackte Brust bis über das Gesicht. Dann vergewaltigt er sie. Die Frau unter ihm wehrt sich zunächst, schlägt um sich und kratzt den Ehemann. Der Widerstand verpufft. Bianka Römer gibt auf und lässt es mit sich geschehen. »Sie machte dann Liebe wie sonst auch immer«, wird sich der Mann später wehren gegen den Vorwurf, mit Gewalt den Geschlechtsverkehr erzwungen zu haben.

Oliver Römer, ermattet vom Akt, zieht sich auf seine Bettseite zurück. »Bist du jetzt stolz auf das, was du getan hast?«, hört er sie fragen. »Das wird noch Konsequenzen für dich haben«, droht sie. »Ich habe nur mitgemacht, damit du mich in Ruhe lässt. Das war das letzte Mal. Versuche es nie, nie wieder.«

Der Wortwechsel zwischen den Zankenden wird laut und lauter. »Sei endlich still«, fordert Oliver und drückt mit zwei Fingern unter dem Kinn auf den Hals seiner Ehefrau. »Erst machst du mit, und dann behauptest du, dass alles gespielt war und du nur deine Ruhe haben wolltest. Du bist eine falsche Schlange«, steigert er sich in seine Wut. Zwischen dem Ehepaar entspinnt sich die Auseinandersetzung zu einem Kampf. »Schlangen muss man ausrotten und töten«, stößt Oliver hervor. Hassgefühle erobern sein Inneres. »Das Weib muss weg«, ist sein einziger Gedanke. Er verstärkt den Würgegriff, sie ihre von panischer Angst diktierte Gegenwehr. Beide fallen aus dem Bett. Eine Filmszene, in dem ein Erstickungstod gespielt wurde, drängt sich dem Mann auf. »Wehre dich nicht. Wenn du aufgibst, geht es schneller, und du brauchst nicht zu leiden«, zischt er und drückt ihr weiter die Luft ab.

Vom Krach aufgeweckt, steht der Kleine in seinem Gitterbettchen und weint. »Mama, Papa, Papa!«

Bianka Römer rührt sich nicht mehr. Das verzweifelte Geschrei seines Sohnes lässt den Mann innehalten. Oliver hebt seine Frau auf und trägt sie ins Wohnzimmer. Dort bettet er sie auf Decken auf den Fußboden und drückt ihr die Augen zu. Plötzlich vernimmt er von seinem Opfer eine Art Seufzer. Er wertet das Geräusch als Lebenszeichen. Mit Herzdruckmassagen versucht er, seine Ehefrau zu retten. Vergeblich. Sie öffnet ihre Augen nie wieder.

Oliver Römer geht hinüber zu seinem Nachbarn und verständigt von dort aus telefonisch die Polizei. »Ich glaube, ich habe meine Frau umgebracht. Bitte bringen Sie einen Krankenwagen mit«, gesteht er die Tat. Die Gerichtsmediziner stellen Würgen als Todesursache fest. Die Manipulationen am Hals müssen mit erheblicher Heftigkeit durchgeführt worden sein, heißt es im Obduktionsbefund.

»Jung gefreit hat nie gereut.«

Volksweisheiten sind nicht selten widersprüchlich und haben eben nur eine bedingte Aussagekraft. So gibt es zum Thema Heirat auch eine andere Volksweisheit, die besagt: »Jung gefreit hat gar oft gereut.«

In der Hauptverhandlung vor dem 1. Strafsenat des Bezirksgerichtes Cottbus gestand Oliver Römer, dass er seine Ehefrau tötete. Im Gegensatz zu den Aussagen bei der Polizei und dem Staatsanwalt, wo er Hassgefühle eingeräumt hatte und zu dem Schluss gekommen war, »das Weib muss weg«, bestritt er aber, mit dem Vorsatz gewürgt zu haben, seine Frau umzubringen. »Daß er sich der Tragweite seines Handelns erst nach der Tat bewußt wurde und davon betroffen war, ist glaubwürdig und entspricht der Situation, stellt aber den von ihm im Ermittlungsverfahren eingestandenen Tötungsvorsatz nicht infrage«, hieß es in der Urteilsbegründung.

Das Gericht verurteilte Oliver Römer nach zwei Verhandlungstagen am 2. Oktober 1989 wegen Mordes zu einer Freiheitsstrafe von 13 Jahren.

Nach der Wende setzte das Justizministerium des Landes Brandenburg die Strafe durch Gnadenerlass auf elf Jahre herab.

Im September 1995 setzte das Landgericht Cottbus die Vollstreckung der Reststrafe auf Bewährung aus. Römer sei im Strafvollzug ein vorbildlicher Häftling, der sich zudem mit seiner Schuld auseinandergesetzt habe, hieß es in einer Entscheidung des Gerichtes. Oliver Römer wurde Anfang Oktober 1995 aus der Justizvollzugsanstalt entlassen.

Die Spermafalle

Es ist Freitag, der 1. Juli 1988. Der letzte Schultag. Jetzt sind Ferien. Die 13-jährige Meike Feld aus Berlin-Hohenschönhausen hat es eilig. Erstens will sie Mutti das Zeugnis zeigen. Es ist gut ausgefallen. Und zweitens will sie, wie immer in jüngster Vergangenheit, nach der Schule möglichst schnell raus aus der Stadt und hin zu Onkel Manfred, der in der Nähe von Velten wohnt und in den Sommermonaten am Autobahnsee Velten campiert, wo er Schwimmmeister ist. Bei ihm hat sie einen Lehrgang für Rettungsschwimmer besucht und ist nun stolz auf den Ausweis, der ihr den Erfolg der Ausbildung bescheinigt. Am See ist es in den Sommermonaten eben viel schöner als daheim bei Mutti, Vati und dem Bruder, die diesmal nicht mitkommen können.

Entstanden ist das offiziell Bernsteinsee benannte Gewässer in den 1970er Jahren durch Kiesabtragung für den Autobahnbau. Er ist zwar mit seinen nur zwölf Hektar nicht der größte See in dieser Gegend, doch von Berlin aus ist er ganz prima zu erreichen. Kein Wunder, dass er gerade deshalb bei den Hauptstädtern sehr beliebt ist, zumal er alles hat, was man zur Erholung am Wochenende braucht: Gaststätte, Volleyballfeld, einen Spielplatz und einen, in der DDR sehr beliebten, FKK-Strand. Hier gehört Nacktheit zur Kultur und zum Lebensgefühl der Menschen, ob jung oder alt, Männlein oder Weiblein. Dass an seinen Ufern

Bungalows wie Pilze aus dem Boden schossen, ist bei der Datschen-Liebe der DDR-Bürger nahezu selbstverständlich. Gut 300 mögen es am Autobahnsee sein, und die meisten davon sind in Berliner Händen.

Fast eine Woche möchte Meike diesmal beim Onkel und seiner Familie bleiben. Ihre rosafarbene Umhängetasche hat sie schon am Abend gepackt mit allem, was man für einen Kurzurlaub benötigt: Der blaue Overall und Wäsche zum Wechseln und für die Nacht sind darin verstaut, ein Buch zum Lesen am Strand oder abends im Bett und natürlich das Tagebuch, dem das Mädchen alles anvertraut.

Es ist 14 Uhr, als Meike Feld die Wohnung verlässt. »Tschüss, Mutti!«, und schon ist sie weg. Als Großstadtkind ist sie es gewohnt, allein mit den öffentlichen Verkehrsmitteln zu fahren. Sie nimmt die Straßenbahn der Linie 63 bis zum Bahnhof Leninallee und steigt dort in die S-Bahn Richtung Oranienburg. Ihr Ziel ist die Station Borgsdorf. Sie wird von dort aus zu Fuß gehen und nicht mit dem Bus fahren, hat Meike beschlossen. Das Geld für den Fahrschein kann sie sich ja sparen und die fünf Mark Taschengeld, die sie mithat, zusammenhalten. Wenn sie ein Stück die Dorfstraße entlanggeht und dann den Pfad quer durch den Wald nimmt, ist es gar nicht so weit. Zwar muss man dann die Autobahn überqueren, aber das macht dem Mädchen nichts aus. Sie ist den Weg schon oft gegangen. Meike freut sich auf ihre Cousine, mit der sie sich gut versteht. Es werden bestimmt wieder schöne Tage. Unbeschwert strebt sie ihrem Bestimmungsort entgegen. Freundlich grüßt sie Einheimische von Borgsdorf entlang des Weges, die auf ihren Grundstücken werkeln. Der rote Rock, in Glockenform genäht und mit weißen Punkten darauf, flattert lustig im leichten Wind.

Montag, den 4. Juli 1988. Am Nachmittag klingelt auf der Arbeitsstelle von Barbara Feld das Telefon. Schwägerin Monika Seemann ist am Apparat. »Hallo Barbara, sag mal, was ist los? Meike wollte doch am Freitag zu uns kommen. Was ist denn dazwischengekommen?«, fragt sie und fügt ein wenig ärgerlich hinzu: »Hättest ja Bescheid sagen können.«

Der Frau fährt von einer Sekunde auf die andere der Schreck und dann blankes Entsetzen in die Glieder. »Wie…, wieso?«, stottert sie. »Meike ist doch am Freitag um zwei Uhr bei uns losgegangen und wollte mit der S-Bahn kommen. Wieso sagst du, dass sie nicht da ist?«

Barbara Feld ahnt, nein, als Mutter spürt sie, dass etwas Schreckliches mit ihrem Kind passiert sein muss. Nur mit Mühe kann sie sich auf den Beinen halten. Arbeitskollegen bringen die geschockte Frau nach Hause. Sie verständigt sofort ihren Ehemann. Beide gehen zur Polizeiinspektion Hohenschönhausen und erstatten Vermisstenanzeige. Dort versucht man die verzweifelten Eltern zu beruhigen. Vielleicht ist die Tochter bei einer Schulfreundin, oder bei einem Jungen, den sie kennengelernt hat? Könnte sie nicht auch bei Verwandten sein? Es sind Routinefragen, wie sie bei Vermisstenanzeigen üblich sind. Eine Personenbeschreibung mit Alter, Aussehen, Bekleidung und anderen Angaben wird angefertigt.

Mit den Kriminalisten in Hohenschönhausen wird vereinbart, dass die Eltern ihre Verwandten, Oma, Opa, Tante, Onkel, aufsuchen, die alle in einem kleinen Dorf bei Pritzwalk leben. Die Hoffnung, dass ihr Kind Meike vielleicht dort sein könnte, erfüllt sich nicht. Auch Bruder Kai, der zu Hause keinen Schritt aus der Wohnung gegangen ist, hat keine gute Nachricht. Von Meike keine Spur.

Die findet auch die Polizei nicht bei der Abfrage von Krankenhäusern und der Durchsicht von Unfallmeldungen. Polizeistreifen werden informiert und aufgefordert, die Augen offen zu halten.

3. Juli 1988, in einem Wald neben der Ortsverbindungsstraße zwischen den Gemeinden Schönwalde und Schönow im Kreis Bernau. Ein Mann ist auf der Suche nach Heidelbeeren. Das Körbchen, das er in der Hand hat, fällt urplötzlich zu Boden angesichts des schrecklichen Fundes unweit seiner Blaubeerstelle. Im Wald, etwa 400 Meter vor der Einfahrt zum internationalen Zeltplatz Gorinsee (schließlich durfte in der DDR nicht jeder Ausländer, vor allem nicht jeder Bundesbürger, zelten, wo er wollte), entdeckt er eine Leiche.

Die Morduntersuchungskommission in Frankfurt (Oder) wird alarmiert. Schon auf den ersten Blick deutet vieles auf ein Sexualverbrechen hin. Der Unterkörper der offensichtlich noch sehr jungen Frau ist entkleidet, das Trägershirt bis über die Brust nach oben geschoben. Auffällig sind die Stricke um den Hals und um die Hände der Toten, die mit Spezialknoten auf dem Rücken festgezurrt sind. Solche Knoten benutzen Spezialisten wie Segler, Matrosen oder Zimmerleute. Die Beine des Opfers sind gespreizt. Wenige Meter von der Leiche entfernt wird ein roter Glockenrock mit weißen Punkten darauf gefunden.

Routiniert und akribisch werden die Spuren gesichert, die im Kriminalistischen Institut der Polizei in Berlin untersucht werden. Darunter sind Spermaspuren aus dem Scheidenbereich, ein Schamhaar, Kotanhaftungen an der Decke, mit der die Tote bedeckt war, aber auch Haare von Hunden, Ziegen oder Eseln und Pferden, die an der Decke hafteten. Später wird etwa 500 Meter vom Fundort der Leiche entfernt im Unterholz des Waldes eine rosafarbene Umhängetasche entdeckt. Wer die Tote ist, bleibt vorerst unklar. Umgehend werden alle Gemeinschaftsunterkünfte am und in der Nähe vom Gorinsee überprüft, in denen Kinder und Jugendliche untergebracht sind. Niemand fehlt.

Als die Vermisstenmeldung mit dem Foto von Meike Feld und ihrer Personenbeschreibung in den Polizeidienststellen eingeht, läuten bei der MUK, die vor Ort ihre Einsatzzentrale eingerichtet hat, die Alarmglocken. Zur Identifizierung der Toten werden die Eltern von Meike Feld zur Pathologie gebracht. Dort wird die Angst zur schrecklichen Gewissheit. Die Tote ist ihre Tochter, ihr Kind, das noch vor wenigen Tagen lebenslustig und so stolz auf ihr gutes Zeugnis war. Die Obduktion ergibt, dass das Mädchen vergewaltigt und danach gewürgt und erdrosselt wurde. Die Gerichtsmediziner gehen nach der Analyse des Mageninhalts davon aus, dass Meike Feld mit großer Sicherheit am 1. Juli in der Zeit zwischen ihrer Ankunft in Borgsdorf gegen 16 Uhr und spätestens 17.30 Uhr getötet wurde.

Die intensive Suche nach dem Täter beginnt. Ein Ausgangspunkt der Ermittlungen ist die Frage, ob der Fundort der Leiche auch der Tatort sei. Daran gibt es angesichts der Spuren Zweifel. Auf der rechten Körperseite der Toten ist Flugsand festgestellt worden, den es am Fundort in dieser Form nicht gibt. Sehr wohl aber in Borgsdorf an dem Waldweg, der zum Autobahnsee führt, also dort, wo Meike Feld in Begleitung eines jungen Mannes zum letzten Mal von Zeugen gesehen worden war. Der Fundort ist mit großer Wahrscheinlichkeit also nicht der Tatort, darin sind sich die Experten schnell einig. Der Mörder muss sein Opfer vom Tatort in über 20 Kilometer Entfernung in die Nähe des Gorinsees transportiert haben. Leichter macht das die Ermittlungen nicht.

Die Öffentlichkeit wird über die regionalen Zeitungen informiert und um Mithilfe bei der Aufklärung gebeten. Schon sehr bald gibt es keinen Zweifel. Meike Feld ist in Borgsdorf aus der S-Bahn Richtung Oranienburg ausgestiegen. Die Fahrkartenverkäuferin vor Ort kann sich noch an das Mädchen in dem rot-weißen Glockenrock erinnern. Nur bei der Ankunftszeit ist sie sich nicht sicher, ob das vor oder nach 16 Uhr war.

Eine Familie aus Pinnow entsinnt sich, dass sie ein

Kind, bei dem es sich um Meike Feld gehandelt haben könnte, am 1. Juli gegen 16.50 Uhr mit einem jungen Mann bemerkte. Gemeinsam seien beide zwanglos Richtung Waldweg hin zum Veltener Autobahnsee gegangen. Polizeizeichner fertigen nach den Angaben der Zeugen ein Phantombild an. Später werden Plakate ausgehängt und über 500 Handzettel in der Umgebung verteilt, auf denen das gezeichnete Konterfei des Mannes abgebildet ist. Doch es gibt Irritationen. Wenn das Mädchen laut Zeugen um 14.38 Uhr vom Bahnhof Leninallee in Berlin in den Zug Richtung Oranienburg gestiegen und schon 15.40 Uhr in Borgsdorf angekommen ist, dann hätte die Pinnower Familie es schon früher sehen müssen, wenn es sich direkt auf den Weg zum Onkel gemacht hätte. Eine Zeugin wiederum will das Opfer am Tattag gegen 17.30 Uhr in einem beigefarbenen Pkw Lada mit Berliner Kennzeichen in der Nähe des Autobahnsees erkannt haben.

Eine Sonderkommission der MUK in Frankfurt (Oder) koordiniert umfangreiche Fahndungsmaßnahmen. Unterstützt wird sie von Kräften der Polizei in Berlin und Potsdam. Das Ministerium für Staatssicherheit ermittelt mit eigenem Personal. Personen- und Fahrzeugbewegungen in den Bereichen Borgsdorf, Autobahnsee Velten, Pinnow, Schönow, Schönwalde und am Gorinsee werden überprüft. Allein angesichts von über 600 Bungalowbesitzern an beiden Seen ist das eine Herkulesaufgabe. Der Onkel von Meike wird von den Ermittlern ebenso ins Visier genommen wie andere engere und weitere Bezugspersonen des Opfers und seiner Familie, insgesamt knapp 70 Personen. Polizisten durchforsten Täterkarteien von einschlägig vorbestraften Personen in den Kreisen Bernau und Oranienburg sowie in Berliner Stadtbezirken und ihre eventuelle Beziehungen zum Fund- und Tatort.

Eine wesentliche Rolle bei der Suche nach dem Mörder spielen die Knoten, mit denen das Opfer gefesselt war. In der Seemannssprache werden sie als Mastwurf oder Webleinstek, bei Zimmerleuten auch als Zimmermannsschlag bezeichnet, weil sie sich bei jeder Bewegung immer fester ziehen. Die Ermittler behandeln sie als wesentliches Tätermerkmal. Knapp tausend Personen im Alter zwischen 18 und 25 Jahren aus dem Bereich der Volksmarine, Seerederei sowie der Gesellschaft für Sport und Technik (GST) in Berlin, Oranienburg, Potsdam und anderen Orten werden überprüft. Anhaftungen von Baumaterial, Futtermitteln und Kot an der Decke, die über der Leiche lag, werden in verschiedenen Instituten untersucht, die Tierhaare darauf sogar im Zentralunionsforschungsinstitut in Moskau, um eventuell Tierhalter oder Handwerker zu ermitteln und zu überprüfen.

Den Mörder von Meike Feld finden die Kriminalisten nicht. Im November 1989 wird das Ermittlungsverfahren vorläufig eingestellt. Die Akten wandern in die Schränke der MUK in Frankfurt (Oder), die spurentragende Kleidung des Opfers und andere relevante Gegenstände in die Asservatenkammer der Kriminaltechnik.

Die Familie von Meike Feld muss nicht nur den Tod des Mädchens verarbeiten, sondern auch die Tatsache verkraften, dass der Täter auf freiem Fuß bleibt und ohne Strafe weiterlebt. Vorerst.

Mordermittler bleiben hartnäckig, wenn ein Fall nicht gelöst werden kann, insbesondere dann, wenn ein Kind das Opfer ist. Das bereitet ihnen schlaflose Nächte. Das ist auch im Fall des Mordes an Meike Feld so, und daran ändert auch die politische Wende in der DDR nichts. Beim Landeskriminalamt Brandenburg gibt es inzwischen eine Gruppe von Spezialisten, die die Akten von ungelösten Kapitalverbrechen nach neuen Ermittlungsansätzen überprüfen. Dabei spielen die wissenschaftlichen Fortschritte bei der Auffindung und Analyse von DNA-Spuren, umgangssprachlich auch als genetischer Fingerabdruck bezeichnet, eine herausragende Rolle. Ab 1998 beim Bundeskriminalamt (BKA) angelegt, sind heute weit über eine Million Datensätze von Personen und bei Straftaten gesicherte Sachspuren in der Datenbank gespeichert.

Wie schon öfter in den zurückliegenden Jahren sitzen im April 2003 Kripo und Staatsanwaltschaft an einem Tisch und diskutieren über den ungelösten Mord an Meike Feld. Inzwischen sind die Untersuchungsmethoden verfeinert worden, die es ermöglichen, auch kleinste Spuren auf auswertbares DNA-Material hin zu untersuchen. Ab Juni 2003 holen die Spezialisten beim Landeskriminalamt die damals gesicherten Beweisstücke Stück für Stück aus der Asservatenkammer und prüfen sie akribisch. Sie werden fündig. Im Glockenrock, den Meike Feld trug, finden sie dank spezialisiertem Wissen und neuester Technik Spermazellen, die sich für die Analyse des genetischen Fingerabdrucks eignen. Beim Amtsgericht in Bernau erwirkt die Staatsanwaltschaft in Frankfurt (Oder) für die Untersuchung der Samenfädchen die dafür erforderliche richterliche Genehmigung.

Beim Abgleich der in Meikes Rock gefundenen Spermaspur mit den Datensätzen in der DNA-Datenbank des BKA gibt es den entscheidenden Treffer, der zum mutmaßlichen Täter führt. Die Kombination der Merkmale kommt unter 2,17 Milliarden Menschen nur einmal vor. Die Spermafalle schnappt zu.

DNA-Treffer in der Datenbank haben eine Vorgeschichte. Eine personelle Vorgeschichte. Nicht die von kleinen Dieben oder von Drogenabhängigen, sondern die von »schweren Jungs«. Richter müssen in der Mehrzahl der Fälle darüber entscheiden, ob die Entnahme von Speichelproben und die Speicherung des DNA-Profils in der Datenbank mit dem im Grundgesetz formulierten Recht auf informelle Selbstbestimmung vereinbar sind.

Bei Richard Flatterer gab ein Gericht »grünes Licht« dafür. Im Zusammenhang mit einem Doppelmord in Sachsen, der sich Anfang der 1990er Jahre ereignet hatte, wurden 15 000 Männer aufgefordert, in einem der größten Massentests in Deutschland Speichelproben abzugeben. In jenem Fall fiel die Probe von Flatterer negativ aus. Allerdings wurde seine DNA in der

Datenbank gespeichert. Denn Flatterer ist ein Vergewaltiger. Im Winter 2001 sprach der damals 46 Jahre alte Mann in einer als Rotlichtmilieu bekannten Gegend in Leipzig eine Prostituierte an und lud diese in seine Wohnung ein, wo für hundert Mark Oralverkehr vereinbart war. Für sein Geld aber wollte Flatterer mehr, und als sich die Sexdienstleisterin weigerte, bedrohte er sie mit einer Pistole und zwang sie zu weiteren erotischen Handlungen, ohne dafür zu bezahlen. Sollte sie ihn deshalb anzeigen, drohte er, ein beim Sex angeblich aufgenommenes Video dem Ordnungsamt zuzuspielen. Die Dame ließ sich nicht abschrecken, erstattete Anzeige bei der Polizei und Flatterer landete vor dem Amtsgericht Leipzig.

Weil der Angeklagte nicht vorbestraft und in der Hauptverhandlung geständig war und sich zudem im Gerichtssaal unaufgefordert bei der Dame entschuldigte, zeigte sich das Gericht gnädig und verurteilte Richard Flatterer im März 2001 zu einer Freiheitsstrafe von zwei Jahren auf Bewährung. Zu diesem Zeitpunkt war allerdings noch nichts bekannt von der Straftat Flatterers, die er im Mai 1993 begangen hatte. Sie wurde erst kurze Zeit darauf im Juni 2001 vor dem Landgericht Dessau verhandelt.

Flatterer war 1993 Außendienstmitarbeiter einer Kartonagen-Firma und fühlte sich von dem Druck, gute Umsätze zu erreichen, beruflich überfordert. Um Dampf abzulassen, suchte er zu dieser Zeit häufig Prostituierte auf. In der Begründung des Urteils der Dessauer Richter, die gegen Flatterer unter Einbeziehung des Urteils aus Leipzig eine Gesamtfreiheitsstrafe von vier Jahren aussprachen, heißt es:

»Auch am 5.5.1993 verlief ein Kundenbesuch des Angeklagten im Raum Wörlitz erfolglos. Seine Absicht, eine Prostituierte aufzusuchen, scheiterte zunächst. Auf dem Weg auf der Umgehungsstraße, die von Wörlitz nach Vockerode führt, sah der Angeklagte in Höhe der Einmündung Richtung Berting auf einem Feld die zum damaligen Zeitpunkt 55-jährige Geschädigte …, die dort bei der Spargelernte war. Nun entschloss sich der Angeklagte, mit dieser Frau den Beischlaf zu vollziehen. Zu diesem Zweck bog er mit seinem Fahrzeug auf einen Seitenweg neben dem Feld ab. Um sein Ziel leichter zu erreichen, nahm der Angeklagte aus dem Handschuhfach eine Schreckschusswaffe, Typ 9 mm, Röhm RG 89, geladen mit Schreckschussmunition an sich … Außerdem setzte der Angeklagte die Kapuze seines T-Shirts auf. Anschließend verließ er das Fahrzeug und schlich sich von hinten an die Geschädigte heran. Mit vorgehaltener Waffe forderte der Angeklagte die Geschädigte auf, sich auszuziehen. Nachdem die Geschädigte dieser Aufforderung nicht nachkam, stieß der Angeklagte diese rückwärts in Richtung eines Getreidefeldes. Dort fiel die Geschädigte auf den Rücken. Mit weiterhin vorgehaltener Waffe zog ihr der Angeklagte den rechten Stiefel, das rechte Hosenbein sowie den Schlüpfer aus. Als der Angeklagte keine Gegenwehr mehr erwartete, legte er die Waffe neben sich auf den Boden. Dann kniete er sich zwischen die Beine der Geschädigten, entblößte seinen Penis und schob das T-Shirt und den BH der Geschädigten nach oben und …«

Mehr muss dazu nicht ausgeführt werden.

Dabei hatte Flatterer als Erwachsener zu keiner Zeit »sexuellen Notstand«. Vielmehr wurde er in seiner Kindheit geprägt. Im elterlichen Haushalt auf der Insel Rügen mit einer älteren Schwester und einem jüngeren Bruder aufgewachsen, waren die Beziehungen daheim alles andere als vorbildlich. Der Vater, Feinmechaniker, Kraftfahrer, Hochseefischer und zeitweise auch Grenzsoldat von Beruf, sprach dem Alkohol kräftig zu. Die Mutter, eine ausgebildete Kindergärtnerin, war sehr ehrgeizig und karrierebewusst. Die Zuneigung des heranwachsenden Jungen zu den Großeltern war von Beginn an stärker als die zu den Eltern. Die Mutter gab ihm zu wenig Liebe, der Vater zu viele Schläge. Und er erlebte, wie sich der Vater sexuell an der großen Schwester verging und wie das auch sein Bruder versuchte. Nimm dir mit Gewalt, was du haben willst, mag sich in Richard Flatterers Kopf festgesetzt haben.

Kein Wunder, dass der Übergang ins Erwachsensein holprig verlief. Nur mit Mühe schaffte Richard den Abschluss der zehnten Klasse. Die Lehre zum Baufacharbeiter in einem großen Baukombinat scheiterte, und damit war auch seine Hoffnung, Unteroffizier bei der Nationalen Volksarmee (NVA) zu werden, dahin.

Unstetigkeit charakterisierte sein Verhältnis zu Frauen. Innerhalb von 23 Jahren zwischen 1976 und 1999 scheiterten vier Ehen, nicht zuletzt weil es zuweilen handgreiflich zuging und es der Mann in der Ehe mit der Treue nicht so ernst nahm. 2001 heiratete der Vater von inzwischen drei Kindern dann im Alter von 46 Jahren zum fünften Mal. Auch diese Ehe würde acht Jahre später geschieden werden.

Zwei Drittel seiner vierjährigen Freiheitsstrafe wegen der Vergewaltigungen verbüßte Richard Flatterer, bevor er Anfang Dezember 2003 mit einer günstigen Sozialprognose auf Bewährung entlassen wird.

Seine wiedergewonnene Freiheit kann Flatterer nur drei Tage genießen. Ein Einsatzkommando der Polizei im sächsischen Döbeln in der Nähe von Leipzig lässt in den Vormittagsstunden des 12. Dezember 2003 die Handschellen klicken. Mit einer Wahrscheinlichkeit von 1 zu 2,17 Milliarden ist er der Mörder von Meike Feld. Ein sofort nach der Verhaftung entnommener neuer Speichelabstrich wird umgehend im LKA Brandenburg ausgewertet. Die B-Probe bestätigt den dringenden Tatverdacht gegen den inzwischen 48 Jahre alten Mann.

Vier Stunden nach seiner Verhaftung konfrontiert die Polizei den mutmaßlichen Mörder mit dem Vorwurf, dass er im Juli des Jahres 1988 ein Mädchen getötet habe. Zunächst möchte sich Flatterer ohne Rücksprache mit einem Anwalt nicht äußern. Im weiteren Gespräch mit den Kriminalisten sagt er: »Mir ist schon klar, dass ich wegen des bei der Tat benutzten Knotens überführt bin. Der Knoten war mein Ding. Einen solchen Knoten habe ich sowohl vor als auch nach der Tat häufig gehandhabt.«

Es ist das erste und einzige Mal, dass sich Flatterer im Ermittlungsverfahren äußert. Danach schweigt er auf Anraten seiner Anwälte. Auch bei der psychiatrischen Untersuchung zur Feststellung seiner Schuldfähigkeit sagt er über den Mord im Juli 1988 nichts.

Was geschah an diesem verhängnisvollen Nachmittag des 1. Juli 1988 in der Nähe des Autobahnsees Velten? Nehmen wir zum Tatablauf zunächst die Feststellung des Landgerichtes Frankfurt (Oder), das in der Zeit von August bis Oktober 2004 an neun Sitzungstagen über den Mordfall Meike Feld verhandelte. Demnach war der Angeklagte, der zum Zeitpunkt der Tat für den Verlag der Zeitung *Junge Welt* tätig war, im Kreis Oranienburg zwischen den Ortschaften Borgsdorf und Pinnow mit einem Firmenfahrzeug unterwegs. Es war ein auffälliges Auto, ein Barkas B 1000 mit einem beigefarbenen Fahrerhaus und einem Pritschenaufbau mit Plane. Gegen 16.15 Uhr bemerkte er auf der Landstraße von Borgsdorf nach Pinnow die 13-jährige Meike Feld. Das Mädchen im roten Glockenrock mit weißen Punkten darauf, mit der olivgrünen Trägerbluse, den weißen Sandalen und weißen Söckchen und der rosafarbenen Umhängetasche aus Kunstleder über der Schulter fiel dem Angeklagten aufgrund seines attraktiven Aussehens auf. Es gefiel ihm. Es sah älter und reifer aus, als es in Wirklichkeit war. Die Umhängetasche ließ ihn vermuten, dass es zum Badesee wollte. Er fasste nach Überzeugung der Richter in diesem Moment den Entschluss, das Mädchen anzusprechen, es an einen abgelegenen Ort zu locken und es dort sexuell zu missbrauchen.

Flatterer fuhr mit dem B 1000 zu einem in der Nähe der Ortschaft Pinnow gelegenen Waldweg, der als Abkürzung über die A 10 zum FKK-Strand des Veltener Autobahnsees führt. Schon mehrmals zuvor hatte er bei seinen Dienstfahrten für den *Junge Welt*-Verlag einen Abstecher zum FKK-Strand des Sees gemacht, um zu baden. Zu DDR-Zeiten konnte man von der Autobahn problemlos auf diesen Weg ab- und auch wieder auffahren. Der Angeklagte fuhr nach Überzeugung des Gerichtes ein Stück in diesen Waldweg hinein und stellte das Fahrzeug auf der rechten Seite so ab, dass es von Sträuchern etwas verdeckt war. Er verließ das Fahrzeug, lief einige Hundert Meter zurück und dem Mädchen entgegen. Der junge, gutaussehende Mann überredete Meike Feld, mit ihm gemeinsam über den Waldweg zum Autobahnsee zu gehen. Dabei kamen sie in der Ortschaft Pinnow am Grundstück jener Familie vorbei, die ein Mädchen in Begleitung eines etwa 30 Jahre alten Mannes gesehen hatte. In der Nähe seines abgestellten Fahrzeuges überwältigte Flatterer das völlig überraschte Kind, das auf den Boden fiel an einer Stelle, wo sich Flugsand vom Autobahnsee angesammelt hatte. Er schleifte sein Opfer rückwärtsgehend zum Auto und hob es auf die Ladefläche, auf der ein Stapel Wolldecken lag.

Die Angst der 13 Jahre alten Meike, die nach Aussage der Mutter in ihrer körperlichen Entwicklung bereits fortgeschritten, aber in ihrem ganzen Verhalten eher noch ein Kind war, kann man sich vorstellen. Sie flehte den so viel stärkeren Mann an, ihr nichts anzutun. Seine lapidare Antwort lautete: »Es wird schon nichts passieren, und es wird nicht so schlimm werden.«

Als das Mädchen erneut schrie und versuchte, seinen Peiniger von sich zu stoßen, muss er nach Überzeugung des Gerichtes angesichts der Verletzungen, die bei der Obduktion festgestellt wurden, Meike massiv mit der Faust ins Gesicht geschlagen haben. Dann habe er ihre Arme an den Handgelenken über dem Kopf an der Querverstrebung des Gestänges für die Plane, an der sich mehrere Seile befanden, mit zwei dieser Stricke festgebunden. Danach vergewaltigte er sein Opfer, das sich heftig wehrte und vor Schmerzen schrie. Als er sich Slip und Hose wieder hochzog, vernahm Flatterer ein Geräusch außerhalb des Fahrzeuges. Durch einen Spalt in der Plane nahm er einen etwa 50 Jahre alten Mann wahr, der den Waldweg entlangging, ein Fahrrad schob und sich vom Fahrzeug entfernte. Den Mann, der sich nicht umdrehte, sah er nur von hinten. Allerdings befürchtete der Täter, dass der Spaziergänger etwas bemerkt haben könnte. Aus Angst, für die Vergewaltigung bestraft zu werden, kroch der Täter zu seinem Opfer zurück und drückte kräftig gegen den Hals, um ein Schreien zu verhindern. In diesem Moment muss ihm klargeworden sein, dass das Mädchen ihn identifizieren könnte, und er beschloss, es zu töten. Er erdrosselte Meike Feld, indem er ihr einen Strick mit einem sogenannten Zimmermannsschlag, den er aus seiner Lehrzeit als Baufacharbeiter und der Tätigkeit als Zimmermann beherrschte, doppelt um den Hals zurrte. Zugleich kniete er sich auf den Brustkorb und den Hals und drückte und zog so lange, bis das Mädchen tot war.

Vor Gericht räumte er die Vergewaltigung ein. Dass er sein Opfer getötet haben soll, daran habe er keine Erinnerung, sagte Flatterer. Durch die Begegnung mit dem Mann, der am Auto vorbeigegangen war, sei er in Panik geraten. »Ich bin von der Ladefläche gesprungen, habe mich ins Fahrerhaus gesetzt und habe den Ort fluchtartig verlassen. Welche Strecke ich gefahren bin und wie lange, weiß ich nicht mehr. Ich wollte nur weit weg, habe dann irgendwo am Straßenrand angehalten, das Mädchen und einige Sachen von der Ladefläche geholt und am Straßenrand neben der Fahrbahn abgelegt.« Er habe gedacht, das Mädchen sei ohnmächtig geworden oder verstelle sich nur. »Ich habe es so abgelegt, dass es sich vielleicht selbst helfen könnte oder bald gefunden wird.« Das seien aber nur schemenhafte Erinnerungen und nur sehr schwache Bilder, behauptete er. »Anschließend bin ich sofort nach Strausberg gefahren, weil ich dort meinem Bruder und seiner damaligen Lebensgefährtin beim Umzug helfen wollte. Dort sollte ich zwischen 17 und 18 Uhr sein. Ich habe nur noch diesen Termin im Kopf gehabt und wollte ihn nicht versäumen.« Wie die Stricke an die Hände und den Hals des Mädchens gekommen seien oder die Decke, mit der die Leiche bedeckt war, könne er sich nicht erklären.

Dieser Darstellung glaubten die Richter nicht, selbst wenn auch für sie letztlich offenblieb, ob das Opfer noch am Ort der Vergewaltigung getötet wurde oder erst am etwa 20 Kilometer entfernten Fundort. »Nach der Lebenserfahrung ist es nicht sehr wahrscheinlich, dass ein Täter, der die Aufdeckung der Vergewaltigung durch die Tötung seines Opfers verhindern will, mit einem lebenden Opfer auf der Ladefläche seines Fahrzeuges noch mehrere Kilometer auf Fern- und Landstraßen und anderen Verkehrswegen fährt und sich damit der Gefahr aussetzt, jederzeit in Verkehrssituationen wie Verkehrsunfälle, Verkehrskontrollen, Ampelstopps oder sonstiges verkehrsbedingtes Halten zu geraten, bei denen sich das auf der Ladefläche befindliche Opfer etwa durch Schreien, heftiges Bewegen oder Ähnliches bemerkbar machen oder das Opfer auf andere Weise von Dritten auf der Ladefläche zufällig entdeckt werden kann.« Das Gericht war vielmehr davon überzeugt, dass der Täter nach einer über 20 Kilometer langen Irrfahrt das immer noch gefesselte, bereits getötete Mädchen auf der Verbindungsstraße zwischen den Ortschaften Schönow und Schönwalde mit einer Decke von der Ladefläche zog und etwa 15 Meter in den angrenzenden Wald schleifte. Die Decke breitete er über die Leiche, um das Auffinden zu erschweren. Dann holte er Rock und Schlüpfer des Mädchens von der Pritsche und warf beides in der Nähe der Leiche weg. Die Umhängetasche, die er wenig später noch im Auto entdeckte, entsorgte er in etwa 500 Meter Entfernung im Unterholz des Waldes.

Es sind oft scheinbare Kleinigkeiten, die sich wie ein Mosaik in ein Bild fügen und die angeblich fehlenden Erinnerungen als Schutzbehauptungen entlarven. Das trifft auf das angebliche »schwarze Loch« bei Flatterer zu, der vor Gericht zwar die Vergewaltigung gestand, sich bezüglich des Mordes jedoch auf Gedächtnislücken berief. Dem steht jedoch die Reaktion nach seiner Verhaftung im Dezember 2003 entgegen. Als ihm als Grund der Festnahme der Mord an einem Mädchen im Jahr 1988 genannt wurde, reagierte er mit den Worten: »Da kann es sich ja nur um die Sache aus der Veltener Gegend handeln.« Er will damals auch nie etwas vom Tod eines Mädchens erfahren haben, obwohl der Mord mittels Medienberichten auch in der *Jungen Welt*, Lautsprecherdurchsagen von fahrenden Autos oder Handzetteln mit dem Phantombild darauf im Mund vieler Leute gewesen war. Flatterer gab allerdings zu, dass er erleichtert gewesen sei, als sein Transporter B 1000 im August 1988, also einen Monat nach dem grausigen Geschehen nahe des Veltener Autobahnsees, bei einem Unfall vollständig ausgebrannt sei. »Nun habe ich keine Angst mehr gehabt, dass das Fahrzeug aufgrund der Aussage des Fahrrad schiebenden Mannes ermittelt werden kann«, gab er in seiner Aussage vor der Schwurgerichtskammer des Frankfurter Landgerichtes zu. »Er muss also gewusst haben, dass eine Aufdeckung der Tat durch das Opfer nicht drohte, sein Opfer mithin tot war«, schlussfolgerten die Richter. Ansonsten hätte er »bei lebensnaher Betrachtung in erster Linie Sorge gehabt haben müssen, dass er mit Hilfe des Mädchens identifiziert und überführt wird«. Auch bei den Tierhaaren, die auf der Decke und an der Leiche sichergestellt worden waren, ergaben sich eindeutige Hinweise auf seine Täterschaft. Als Kraftfahrer war er einst wegen Lieferfahrten öfters im verlagseigenen Feriendomizil der *Jungen Welt* in Bad Schandau gewesen. Dort erfreute ein Streichelzoo, wo Zwergziegen, Kamerunschafe, Ponys, Haflinger, Esel, Meerschweine, Kaninchen, Hühner und zwei Hunde untergebracht waren, die Kinder der Mitarbeiterinnen und Mitarbeiter der *Jungen Welt* im Urlaub und in den Ferien. Die Ställe für die Tiere hatte das Heimpersonal selbständig angefertigt. Das Baumaterial und anfangs auch Futtermittel hatten die Verlagskraftfahrer, unter ihnen Richard Flatterer, angeliefert.

Das Landgericht Frankfurt (Oder) verurteilte Richard Flatterer im Oktober 2004 wegen Mordes zu einer Freiheitsstrafe von 13 Jahren. Angewandt wurde das Strafgesetzbuch der DDR, das einen Strafrahmen nicht unter 10 und bis zu 15 Jahren oder eine lebenslange Freiheitsstrafe vorsah. Nach bundesdeutschem Recht wäre ein Verdeckungsmord grundsätzlich mit einer lebenslangen Strafe bestraft worden. Unter Einbeziehung der zur Bewährung ausgesetzten Reststrafe aus den Urteilen der Gerichte in Leipzig und Dessau wegen Vergewaltigungen aus dem Jahr 2001 wurde eine Gesamtstrafe von 15 Jahren gebildet. Eine Revision des Urteils lehnte der Bundesgerichtshof als unbegründet ab.

Bleibt am Ende die Frage: Wie kann ein Mensch über einen so langen Zeitraum von 15 Jahren zwischen 1988 und 2003 unbeschwert mit der Schuld leben, ein Kind ermordet zu haben? Richard Flatterer hatte eine einfache Erklärung. »Ich habe mir überhaupt keine Gedanken gemacht und alles verdrängt. Ich verdränge solche Erlebnisse schnell, bin ein Mensch, der nach vorn denkt«, sagte er vor Gericht. Man müsse es sich so vorstellen, als ob er das Geschehene in einem Keller verschlossen und diesen danach nie wieder geöffnet hätte.

Hemmungslose Habgier

Oktober 1975: Das Kreisgericht Bad Freienwalde verurteilt den Angeklagten wegen mehrfach begangenen gemeinschaftlichen Diebstahls zum Nachteil persönlichen Eigentums zu acht Monaten Freiheitsentzug.

Februar 1976: Das Kreisgericht Bad Freienwalde verurteilt den Angeklagten wegen vorsätzlicher Körperverletzung zu einer Geldstrafe von 300 Mark. Das Geld ist sofort zu bezahlen.

Mai 1976: Das Kreisgericht Bad Freienwalde verurteilt den Angeklagten wegen Diebstahls zum Nachteil sozialistischen Eigentums zu einer Freiheitsstrafe von sechs Monaten, die für eineinhalb Jahre zur Bewährung ausgesetzt wird. Diese wird im April 1978 widerrufen und der Strafvollzug angeordnet.

Dezember 1977: Das Kreisgericht Bad Freienwalde verurteilt den Angeklagten unter anderem wegen mehrfacher vorsätzlicher Körperverletzung zu einer Freiheitsstrafe von zehn Monaten ohne Bewährung.

Mai 1979: Das Kreisgericht Bad Freienwalde verurteilt den Angeklagten wegen Beleidigung und Widerstands gegen staatliche Maßnahmen zu einem Jahr Freiheitsstrafe. Er muss die Strafe sofort verbüßen.

Bei dem Kriminellen vor dem Kreisgericht Bad Freienwalde, der in einem kleinen, nur 60 Seelen zählenden Ort in der heutigen Gemeinde Oderaue im Oderbruch in diesem Zeitraum die Bevölkerung beunruhigt und Polizei und Richter in Atem hält, handelt es sich in allen Fällen um dieselbe Person. Er ist angesichts seines Strafenkatalogs – und der ist noch nicht einmal vollzählig, was die Ermittler zu diesem Zeitpunkt nur noch nicht wissen – erstaunlich jung. Die Freiheitsstrafen hat er am Ende alle voll verbüßt, auch die, die zunächst auf Bewährung ausgesetzt waren.

Ingo Dena, der mehrfach Angeklagte am Kreisgericht Bad Freienwalde war bei seinen aufgelisteten Straftaten zwischen 17 und 19 Jahre alt.

Dena, Geburtsjahr 1958, verlebte nicht gerade eine unbeschwerte Kindheit. Aufgewachsen ist er mit fünf weiteren Geschwistern. Ein richtiges »Früchtchen«, wie man so sagt, wenn Jungs öfter mal über die Stränge schlagen, war er schon zu Schulzeiten. Immerhin, trotz seiner Schwierigkeiten mit Disziplin und Ordnung, schaffte er die achte Klasse und erhielt ein Abgangszeugnis, wenn auch nicht mit überragenden Zensuren. Dennoch lief die Lehre im VEB Schamottewerk Bad Freienwalde zunächst gut an, aber durch die Facharbeiterprüfung sauste Ingo trotzdem mit Pauken und Trompeten, weil die Lust am Lernen eher Unlust war, er während der Lehre Freiheitsstrafen verbüßen musste und danach lieber dem Alkohol zusprach, als auf die Ansprachen seiner Ausbilder und Kollegen im Schamottewerk zu hören. Die Folge war eine fristlose Entlassung wegen Alkoholmissbrauchs am Arbeitsplatz. Danach heuerte der junge Mann bei der Deutschen Reichsbahn in Wriezen an. Dort war man durchaus zufrieden mit seinen Leistungen, allerdings war er, bedingt durch die Haftstrafen, nie durchweg lange am Arbeitsplatz.

14. November 1980: In der örtlichen LPG in Oderaue ist Zahltag. Anton Schellow hat nach dem Erhalt seines Lohnes von 570 Mark im Wirtshaus *Specht* mit zwei Bekannten Karten gespielt. Dass zu einem zünftigen Männer-Skat auch Bier und Schnaps gehören, ist selbstverständlich. Kurz nach 22 Uhr, der Wirt hat den Bierhahn abgedreht, schwingt sich der 60 Jahre alte Schellow auf sein Fahrrad und fährt durch die dunkle Nacht ein paar Kilometer auf der Landstraße Richtung heimisches Bett. Gut 500 Mark vom Lohn stecken in seiner schwarzen Brieftasche, das Wechselgeld vom Bezahlen der Zeche im Portemonnaie. Beides ist in der Arbeitshose, die er trägt, gut verwahrt. In der Ferne sind schon die Lichter des kleinen Heimatortes zu sehen.

Mit dem Fahrrad ist auch Ingo Dena unterwegs. Anders als bei Anton Schellow ist bei ihm gerade mal wieder Ebbe in der Kasse. Die letzten paar Mark sind im Laufe des Tages für die zehn kleinen Flaschen Bier draufgegangen, die er nach und nach ausgetrunken hat. Daheim beim Fernsehen mit dem Vater und dem Bruder sind noch drei Pilsner und sechs Schluck »Boonekamp«, gleich aus der Flasche, hinzugekommen. Was im Fernsehen lief, hat Ingo gar nicht wahrgenommen. Vielmehr beschäftigte ihn, wie er an Geld kommt. In der Bürobaracke der LPG müsste etwas zu holen sein, was seinen Engpass in der eigenen Kasse beheben könnte, lautet das Ergebnis angestrengten

Grübelns über Möglichkeiten und Quellen, seine finanzielle Notlage zu entschärfen. Mit der Erfahrung aus der kriminellen Vergangenheit ausgerüstet, packte Dena das entsprechende Werkzeug für den Einbruch zusammen: sein Taschenmesser, einen Glasschneider, einen Schraubendreher und eine Taschenlampe. Auf dem Weg zum LPG-Sitz kommt ihm ein Fahrradfahrer entgegen. Dass es Anton Schellow ist, ein Nachbar aus seinem Dörfchen, weil hier eben alle Nachbarn sind, erkennt er in der Dunkelheit und bei der schwachen Fahrradbeleuchtung nicht. Ihm fällt ein, dass die Bauerngenossenschaft heute Lohn ausgezahlt hat. In den Dörfern der Gegend ist das nun wahrlich kein Geheimnis. »Der kommt aus der Kneipe und wird ja nicht gleich seinen ganzen Lohn versoffen haben«, geht es ihm durch den Kopf, zumal der Radfahrer auf der anderen Straßenseite einen nüchternen Eindruck erweckt, ohne sichtbare Schlenker seinen Drahtesel lenkt und sicher im Sattel sitzt.

Ingo Dena macht kehrt, holt aus seiner linken Jackentasche das Messer heraus und klappt es, freihändig fahrend, auf. Die Klinge ist etwa zehn Zentimeter lang. Nach wenigen Metern hat er den Radfahrer vor sich erreicht. Auf gleicher Höhe mit ihm sticht er von hinten auf ihn ein und stößt den völlig überraschten Mann vom Fahrrad. Der Überfallene landet unsanft auf der Straße. Als er sich wieder aufgerappelt hat, startet Dena den nächsten Angriff, wuchtet dem Mann das Messer wieder und immer wieder zielgerichtet in Bauch und Brust. »Was machst du denn da, bist du verrückt?«, hört er ihn entsetzt fragen. An der Stimme erkennt er seinen Nachbarn Anton Schellow. Von seinem Vorhaben, an dessen Geld zu kommen, bringt ihn das nicht ab. Erneut rammt er seinem Opfer die Klinge in den Körper, streckt es mit Faustschlägen nieder und raubt aus der rechten Gesäßtasche des Mannes Brieftasche und Geldbörse. Dann radelt er unbekümmert nach Hause, ohne sich um das bewusstlose Opfer zu kümmern. Daheim versteckt er das geraubte Geld, mehr als 500 Mark, in einem Couchkissen und verbrennt Brieftasche und Portemonnaie mit den darin befindlichen Papieren im Ofen seines Zimmers im elterlichen Haus.

Eine knappe Stunde später radelt wieder ein Mann die in nächtlicher Finsternis liegende, unbelebte Landstraße Richtung LPG-Sitz entlang. Der Radfahrer ist kein anderer als Ingo Dena. An der Stelle des Überfalls sind weder das Fahrrad noch das Opfer zu sehen. Anton Schellow, aus der Bewusstlosigkeit erwacht, gelang es, sich bis in die Nähe des ersten Hauses im Dorf zu schleppen. Ganz erreichte er es nicht. Seine Hilferufe aber wurden gehört, was angesichts der Nacht und der fortgeschrittenen Zeit sein Glück ist. Der von Helfern alarmierte Notarzt vor Ort und die Mediziner im Krankenhaus retteten Anton Schellow das Leben. 21 Stichverletzungen brachte ihm der Täter bei. Aus drei Wunden in der rechten Brustkorbseite entwich Luft, ein Zeichen für eine offene Brustkorbverletzung. Die hätten ohne die schnelle medizinische Versorgung zum Tode geführt.

Nicht die Sorge um das Opfer treibt Ingo Dena noch einmal hinaus in die Nacht. Er will den ursprünglich geplanten Einbruch in die LPG-Baracke, wenn auch mit Verspätung, doch noch vollziehen. Er hofft, an Lohntüten von Bäuerinnen und Bauern zu kommen, die am Zahltag nicht im Betrieb waren.

Der Einstieg in das wenig gesicherte Bürogebäude bereitet dem erfahrenen Einbrecher keine Schwierigkeiten. Schließlich war er dort schon mehrmals auf Diebestour. Mit dem Taschenmesser, mit dem er zuvor Schellow niedergestochen hat, bricht er Schränke und Schreibtische auf und durchwühlt diese nach Geld. Die Beute ist gering. Er nimmt eine Kassette mit, eine Schachtel Zigaretten der DDR-Edelmarke »Club«, Bleistifte und Kugelschreiber sowie diverse Schlüssel.

Wieder im Heimatdorf angekommen, bemerkt er vor dem Elternhaus Streifenwagen der Polizei. Er versteckt die Kassette – in ihr befinden sich 29,50 Mark – unter einem Baum am Rande eines Wassergrabens und deckt sie mit Unkraut zu. Taschenmesser und die geklauten Schlüssel wandern in den Graben, Bleistifte und Kugelschreiber im Aschekasten des Ofens in seinem Zimmer. Dort deponiert er später auch einen Teil des von Schellow geraubten Geldes.

Für die Kriminalisten der inzwischen eingeschalteten MUK Frankfurt (Oder) ist Dena angesichts seines Vorstrafenregisters von Beginn an der Hauptverdächtige, zumal er für seine nächtlichen Radausflüge keine überzeugenden Gründe angeben kann. Dass er seinem Körper Gutes antun und nur Sauerstoff tanken wollte, diese Begründung nimmt man ihm nicht ab. Mit Hilfe eines Fährtenhundes werden schnell das Taschenmesser, die Geldkassette und die gestohlenen Schlüssel gefunden. Auf dem Messer befinden sich Blut und Haare. Bei der Hausdurchsuchung sichern die Kriminalisten im Ofen die Brandrückstände, die später von Experten der Kriminaltechnik der Brieftasche und dem Portemonnaie des Überfallenen zugeordnet werden können.

Drei Tage nach dem kriminellen Nachtausflug wird Haftbefehl gegen Ingo Dena erlassen. Nach anfänglich hartnäckigem Leugnen bei der MUK gesteht er schließlich die Tat angesichts zahlreicher objektiver Beweise wie gerichtsbiologischer Gutachten, Fingerabdrücken, Brandrückständen und des Geldes im Ofen oder eines Teils des Raubes im Sofakissen.

Bis zuletzt während der zahlreichen Vernehmungen vor Kripo und Staatsanwaltschaft und auch vor Gericht bestreitet Ingo Dena, dass er Anton Schellow umbringen wollte. Das Bezirksgericht Frankfurt (Oder) folgt dem nicht. Das Taschenmesser sei geeignet gewesen, einen Menschen zu töten, heißt es in der Urteilsbegründung. »Der Angeklagte hat damit 21-mal mit voller Wucht auf den Geschädigten eingestochen und zwar bewusst auf die oberen Körperpartien, insbesondere auch in die Herzgegend.«

Die Richter verurteilen Ingo Dena im März 1981 wegen versuchten Mordes in Tateinheit mit schwerem Raub zu einer Freiheitsstrafe von 14 Jahren. In das Urteil fließen auch mehrere Diebstähle ein, die erst im Zuge der aktuellen Ermittlungen bekannt werden und sich zu Zeiten ereigneten, in denen die kriminelle Laufbahn des Ingo Dena begann.

Gegen die Verurteilung wegen versuchten Mordes legt Dena umgehend Berufung ein. Das Oberste Gericht der DDR überprüft in einer Verhandlung die Richtigkeit der Tatfeststellungen und bestätigt das erstinstanzliche Urteil. Zehn Jahre später wird Dena auf Bewährung aus dem Strafvollzug entlassen.

Stiller Hass

Frank Schaber, beschäftigt als Hausmeister bei der Arbeiterwohnungsbaugenossenschaft (AWG) »Friedensgrenze« in Frankfurt (Oder), ist am frühen Vormittag des 7. August 1979 auf Kontrollgang in den Elfgeschossern der Plattenbausiedlung im Stadtteil Neuberesinchen, die er zu betreuen hat. In den Hochhäusern gibt es jeden Tag zu tun. Viele der Bewohner sind Zugezogene, angelockt durch gute Arbeits- und Verdienstmöglichkeiten sowie die Chance auf einen schnelleren Zuschlag für eine moderne Wohnung in der Grenzstadt zu Polen. Frankfurt (Oder) hat sich rasant zum größten Produzenten für Mikroelektronik in der DDR mit mehreren Tausend Beschäftigten entwickelt. Die Einwohnerzahl hat mit knapp 80 000 fast jene Größe wie vor dem Zweiten Weltkrieg erreicht, als das nunmehr polnische Słubice als Dammvorstadt noch zu Frankfurt (Oder) gehörte.

Der Hausmeisterjob in einem Hochhaus, in dem schon mal gut hundert Personen allein in einem Aufgang auf engem Raum zusammenleben, ist nicht eben »vergnügungssteuerpflichtig«. Dennoch macht ihn Frank Schaber gern, selbst wenn es Ärger gibt, weil Mieter sich nicht an die Hausordnung halten oder von ihnen beim »Mann für alles« angezeigte Mängel in der Wohnung nicht schnell genug beseitigt werden.

Hausmeister zu sein bietet aber auch Freiräume, so wie an diesem ersten Augustdienstag. Gegen neun

Uhr verlässt Schaber, wie immer mit dem übergeworfenen blauen Arbeitskittel über der Bekleidung, seine Wohnung. Im Hauseingang nebenan steht seine Mutter, Maria Schulzke, auf dem Balkon ihrer Zweiraumwohnung im dritten Stock, zupft an den Blumen in den Balkonkästen und ärgert sich über die Nachbarfamilie, auf deren Balkon nichts Blühendes zu sehen ist. »Hallo Mutti, bist du allein? Wenn ja, dann komme ich nachher mal vorbei«, ruft der 42 Jahre alte Sohn seiner Mutter zu, die inzwischen Rentnerin ist. »Ja, ist keiner da«, bekommt er zur Antwort. Sichtlich zufrieden nickt Schaber mit dem Kopf. Sein Arbeitsplan für den Vormittag ist überschaubar. Im Moment will er nur kontrollieren, ob in den Aufzügen in den Hauseingängen die Telefonnummern und Anschriften der aktuellen Hausmeister-Bereitschaftsdienste ausgehängt sind. Er hat die Verantwortung dafür, und für die Sicherheit ist das wichtig, wenn in den Abend- oder Nachtstunden ein Notfall eintreten sollte.

Nach dem Rundgang geht Schaber in die Werkstatt, die im Keller seines Hausaufganges untergebracht ist, hängt sich die Werkzeugtasche, eine alte, etwas größer geratene ausrangierte Handtasche seiner Frau, über und klingelt wenige Minuten nach zehn Uhr an der Wohnungstür der Mutter. Er besitzt zwar einen Schlüssel, doch Mutti hat es nicht gern, wenn er einfach so hereinschneit. »Willst du frühstücken?«, fragt die 64 Jahre alte Frau, die seit einigen Jahren verwitwet ist. »Ach, lass mal, ich habe ja schon was gegessen. Ein Kaffee reicht, ich habe dann noch zu tun«, winkt er ab.

Der Kaffee ist gebrüht und dampft aus den Tassen mit dem Goldrand. Der Sohn hätte ihn lieber aus einem größeren Pott getrunken, aber das geht im vornehmen Haushalt seiner Mutter nun gar nicht. Frank ärgert das, weil Mutter immer ihren Kopf durchsetzen muss. Oft genug liegt Spannung in der Beziehung von Maria Schulzke zum Sohn und zu dessen Familie. Auch jetzt wieder. Zwischen zwei Schluck Kaffee mokiert sich die Mutter über den blumenlosen Balkonkasten in der Nachbarswohnung. »Darum musst du dich als Hausmeister auch kümmern«, weist sie ihn zurecht. Nur mit Mühe kann er sich beherrschen. Nur nicht schon wieder Streit. Zu allem Überfluss liest sie ihm auch noch den Rechenschaftsbericht vor, den sie als Vorsitzende der Gruppe der Volkssolidarität vortragen möchte. Die kritischen Hinweise des Sohnes wischt sie vom Tisch. »Das bleibt jetzt so«, legt sie fest. »Warum fragst du mich denn dann erst? Da hätte ich mir das Zuhören ja sparen können«, faucht der Sohn zurück.

Eine Stunde später verlässt Frank Schaber die Wohnung. »Tut mir leid, Mutti«, sagt er beim Weggehen. Dann zieht er die Korridortür von außen zu.

Frank Schaber kommt am Abend später als gewöhnlich nach Hause. Gemeinsam mit einem Freund hat er an seinem Fahrzeug gewerkelt und den Saporoshez aus sowjetischer Automobilproduktion fit gemacht für die geplante Urlaubsfahrt nach Ungarn. Die Söhne, acht und zehn Jahre alt, sind bereits im Bett. Seine Gattin Julia hat ihm das Abendbrot bereitet und schaut Fernsehen. »Frank, ich war heute zweimal bei Mutti drüben und habe geklingelt. Die hat nicht aufgemacht. Heute ist doch Dienstag, und ich wollte sie wie immer besuchen. Weißt du, wo sie sein könnte?« »Mach dir mal keine Gedanken. Ich war heute Vormittag bei ihr. Da haben wir uns wieder einmal gestritten. Vielleicht ist sie deshalb sauer und hat nicht aufgemacht. Oder sie hat einfach vergessen, dass wir heute rüberkommen wollten. Du kennst sie doch inzwischen.« Der Ärger über den Streit am Vormittag ist bei Frank Schaber noch immer nicht verflogen. Das Ehepaar geht zu Bett und kuschelt sich aneinander.

Es ist nicht das erste Mal, dass sich Mutter und Sohn heftig gestritten haben. Im Gegenteil, eine liebevolle Mutter-Kind-Beziehung hat es nie gegeben.

Frank Schaber hat seinen leiblichen Papa nie kennengelernt. Der Junge ist zwei Jahre alt, als der Vater in den verbrecherischen Krieg ziehen muss, aus dem er, »gestorben für Volk und Vaterland«, nicht mehr zurückkehrt. Maria heiratet 1946 Richard Schulzke, einen Mann, der als Widerstandskämpfer im KZ Sachsenhausen interniert war. Der Stiefvater kommt mit seiner angeheirateten Vaterrolle nicht zurecht. Hat ihn die Internierung im KZ abgehärtet? Seine Erziehungsmethoden sind brutal: Entweder du gehorchst oder es setzt Prügel, auch mit der Reitgerte, ist des Stiefvaters Motto. Die Mutter, 33 Jahre jung, ist auf den neuen Mann an ihrer Seite fixiert, kümmert sich kaum um den Sohn, der leidet. Die Oma ist es, die ein Herz hat für den Enkel. Er ist ihr Ein und Alles, und sie ist für den Jungen die wirkliche Bezugsperson. Die Oma nimmt für das Kind die Mutterstellung ein. Mehr noch: Sie ist es, die das Familienleben organisiert, weil die Eltern angesichts zahlreicher gesellschaftlicher und ihnen wichtigerer Verpflichtungen für das Zuhause und den Jungen keine Zeit haben. Sie bleibt es auch, als Schulzkes, nicht ganz ohne Beziehungen, 1949 aus einer engen Zweizimmerwohnung samt Oma in eine Wohnung mit sechs Zimmern einziehen. Schließlich ist Stiefvater Richard ein Verfolgter des Nazi-Regimes und hat inzwischen eine begehrte Anstellung im Verkaufsladen der Roten Armee, dem im Volksmund als Russenmagazin bekannten Geschäft, wo man unter dem Ladentisch Dinge kaufen kann, die es sonst nicht gibt oder die dort viel billiger sind als beim Konsum oder der HO. Auch die Mutter ist für die junge Republik sehr aktiv. Die Eltern machen Karriere. Der Genosse Stiefvater übernimmt eine Tätigkeit im Apparat der Bezirksleitung der SED, wo er an vorderer Front den Aufbau des Sozialismus in der DDR vorantreibt. Die Mutter arbeitet sich von einer kleinen Verkäuferin über eine Kaderleitungsstelle bis zu einer Anstellung beim Bezirkslandwirtschaftsrat in Frankfurt (Oder) empor.

Die von Frank so geliebte Großmutter stirbt 1953. Ihren Tod verkraftet der 16-Jährige nur schwer. Fortan muss er in dem fortschrittlichen Elternhaus die Rolle der bis dato alles organisierenden Oma übernehmen und wie ein Hausangestellter schuften. Der junge Mann bricht aus, macht Dummheiten in der Schule und bleibt prompt sitzen. Dreimal flüchtet er über die damals offene Sektorengrenze zu einer Tante nach Westberlin, ohne in der ihm fremden Welt Fuß fassen zu können. Bei der Rückkehr haben die klassenbewussten Eltern einen Raum im Keller des Hauses für den Sohn übrig.

Der junge Mann beginnt, sein Leben trotz aller Hürden, die es für ihn bereithält, zu meistern. Er heiratet, wird Vater von zwei Kindern, kutschiert als Kraftfahrer den Direktor eines kleinen Kraftwerkes, verdient später als Busfahrer gutes Geld, holt den einst versäumten Abschluss der zehnten Klasse nach und absolviert eine Meisterstudium beim Kraftverkehr. Er ist gesellschaftlich engagiert. Das kostet Zeit, die ihm für die Familie, die Frau und die zwei Kinder, fehlt. Die Ehe scheitert 1967.

Zwei Jahre später heiratet er ein zweites Mal. Seine Julia ist 19 Jahre alt, er 32 Jahre. Die junge Frau an der Seite des Sohnes akzeptiert Mutter Maria von Beginn an nicht. Mit Geld gehe die Schwiegertochter nicht sparsam um, kochen und den Haushalt führen könne sie auch nicht, und die Erziehung der beiden 1969 und 1971 geborenen Söhne sei mangelhaft. Dass der Jüngste lange Zeit Bettnässer ist, sei ja wohl Ausdruck genug, ist ihre Überzeugung.

Trotz der Vorbehalte klammert sich Maria Schulzke nach dem Tod von Ehemann Richard im Jahr 1972 an den Sohn und dessen Familie. Fast jeden Tag kommt sie zu Besuch. Als Schabers in eines der Hochhäuser in der Plattenbausiedlung Neuberesinchen ziehen, besorgt sich Maria Schulzke eine Wohnung im Nachbaraufgang. Das Verhältnis wird durch die erneute Nähe nicht besser. Einem klärenden Gespräch mit der Mutter, auf das Julia mehrfach drängt, um den Konflikt zu entschärfen, weicht Frank Schaber immer wieder aus. Er will nicht die Wunden aus fehlender mütterlicher Liebe und Aufmerksamkeit in seiner Kindheit wieder aufreißen, zumal die Mutter auch jetzt noch keine Möglichkeit auslässt, mit neuen Anschaffungen und einem gewissen Wohlstand vor ihm und seiner Familie zu prahlen und ihm ihre Überlegenheit zu zeigen.

Frank Schaber fiel es deshalb vor zwei Jahren nicht leicht, sich von seiner »alten Dame« 6.500 Mark für die Anschaffung seines »Sapos« zu pumpen. Zwei Jahre später, im Juli 1979, schenkte die Mutter das Geld dem Ehepaar großzügig zum zehnten Hochzeitstag.

Die 6.500-Mark-Gabe trifft Frank Schaber nur wenige Wochen später und völlig überraschend wie ein Bumerang. Am 4. August 1979, einem Samstag, ist er mit seiner Familie schon am frühen Morgen im Wald Pilze suchen. Die Ausbeute ist gut, und die sofort von Ehefrau Julia zubereitete Mahlzeit üppig. »Schaff doch Mutti gleich noch paar Pilze rüber«, bittet sie Frank.

Maria Schulzke empfängt ihren Sohn nicht gerade freundlich. Als sie erfährt, dass Julia die Pilze gegart hat, rümpft sie die Nase. »Ob die wohl schmecken«, äußert sie wie immer skeptisch. Und einmal in Fahrt, bekommt auch der Sohn noch sein Fett weg. Die Reparatur ihrer Schrankwand im Wohnzimmer sei immer noch nicht erledigt. »Wann willst du das denn endlich machen?«, beschwert sie sich. »Ein Kollege wird das erledigen, der versteht mehr davon als ich. Er kann aber erst in der nächsten Woche. Außerdem habe ich zu Hause zu tun und muss noch das Auto für die Fahrt nach Ungarn klarmachen«, versucht Frank seine Mutter zu beruhigen. Die aber kommt erst richtig in Fahrt. »Was denn, dann soll ich den Kollegen wohl auch noch bezahlen? Für die 6.500 Mark, die ich euch geschenkt habe, kannst du ruhig etwas mehr für mich tun«, schimpft sie. Dann kommt sie auf ihr Lieblingsthema zu sprechen, auf die Ehe ihres Sohnes mit dem »Fräulein«. »Wozu bist du denn verheiratet, wenn du zu Hause doch alles alleine machen musst? Du brauchst keine Frau, die nichts kann. Da kannst du dich doch gleich scheiden lassen«, geht die Tirade weiter. »Jetzt ist es aber genug«, weist Frank Schaber seine Mutter mehr halbherzig als konsequent zurück.

Ehefrau Julia erzählt er nichts von der Auseinandersetzung. In seinem Inneren aber macht sich Angst breit. Seine Furcht, zum zweiten Mal Frau und Kinder zu verlieren, wächst. Seine Mutter, davon ist er überzeugt, wird ihre Schwiegertochter nie akzeptieren, und die beiden Enkel sind ihr ohnehin egal.

Frank Schaber sucht nach einem Ausweg. Zunächst noch wirr und unscharf, nimmt in den folgenden beiden Tagen in seinem Kopf ein Plan immer deutlicher Konturen an. Er ist fest entschlossen, ihn zu verwirklichen.

Schaber bereitet sich akribisch vor. Nichts soll schiefgehen am Dienstagvormittag, dem 7. August

1979, den er sich für die Lösung des Problems ausgewählt hat.

In der Tasche, die er sich vor dem angekündigten Besuch bei seiner Mutter aus der Werkstatt seines Hauses holt, stecken ein großer, einseitiger 36er Maulschlüssel und ein Lappen. Die am Vortag bereitgelegten Lederhandschuhe wandern in die Gesäßtasche der Hose, eine Plastetüte in eine Tasche des blauen Kittels.

Auf sein Klingeln öffnet die Mutter. Die Tasche stellt er im Korridor ab, entnimmt ihr den Schraubenschlüssel und verbirgt ihn in der Kitteltasche. Das herausragende Ende bedeckt er mit seiner rechten Hand und folgt zögernd der Mutter ins Wohnzimmer, wo sie den gewünschten Kaffee serviert. Der Mut, gleich im Korridor zu tun, was er sich vorgenommen hatte, hat ihn verlassen. Zu allem Überfluss liest ihm seine Mutter auch noch dieses Referat vor, das sie vor ihrer Gruppe der Volkssolidarität halten will. Was er hört, scheint ihm nicht wirklich gelungen. Zu viele sozialistische Phrasen seien darin enthalten und zu wenig Konkretes über das Geleistete der Veteranen, kritisiert er. Seine Hinweise bleiben unbeachtet. »Ich merke, davon hast du keine Ahnung«, stellt die Mutter ob des fehlenden Lobes enttäuscht fest.

Die harsche Zurückweisung durch die Mutter empfindet Frank Schaber als eine Demütigung, wie er sie schon oft erfahren hat. Wütende Erregung und Hass lodern auf. »Jetzt mache ich es«, sagt er sich. Schabers rechte Hand umfasst den Maulschlüssel. Mit dem vorn angeschliffenen Metall drischt er der völlig überraschten Mutter, die mit dem Rücken zu ihm steht, mit aller Kraft auf den Kopf – einmal, und noch einmal, und noch einmal. »Bist du verrückt? Was machst du denn da?«, kann sie noch fragen. Beim zwölften Schlag bricht die zierliche, nur 1,50 Meter große Frau vor einem der Wohnzimmersessel zusammen. Der geschundene Kopf kommt auf der Sitzfläche zum Liegen. Noch vier weitere Male hämmert Schaber der verhassten Mutter das Werkzeug auf den Kopf. Aus dem zertrümmerten Schädeldach fließt Hirnmasse.

Der Sohn beginnt zielgerichtet, die Spuren der Tat zu verwischen und eine neue Fährte zu legen. Alles soll aussehen wie ein Raubmord. Er streift sich die Lederhandschuhe über und öffnet Türen und Schubfächer der Schrankwand im Wohnzimmer. Er sammelt das Kaffeegeschirr mit dem Goldrand und den Aschenbecher mit dem Stummel seiner Zigarette, die er geraucht hat, zusammen, greift sich die auf dem zweiten Sessel liegende Handtasche der Mutter und steckt alles in die mitgebrachte Plastiktüte. Den Maulschlüssel umwickelt er mit dem mitgebrachten Lappen und lässt ihn in der Werkzeugtasche verschwinden.

Bevor er die Wohnung verlässt, schaut er noch einmal nach seinem Opfer. Er glaubt, noch ein Atmen zu spüren. Frank Schaber tippt seiner Mutter auf die Schulter und sagt: »Tut mir leid, Mutti.« Er wischt mit den Lederhandschuhen die Klinken in der Wohnung ab, dann geht er und zieht hinter sich die Korridortür zu.

In seiner Werkstatt im Keller versteckt er den Schraubenschlüssel hinter einem Schalbrett. Einen

Tag später reinigt er das Tatwerkzeug mit Waschpaste und fließend warmem Wasser und stellt es hinter ein Bein der Werkbank. Das Geschirr wirft er drei Hauseingänge weiter in den dortigen Müllcontainer. Die stattlichen 590 Mark Bargeld aus der Handtasche versteckt Schaber in einer herumliegenden leeren Verteilerdose und legt den »Tresor« zu den anderen Ersatzteilen ins Regal. Er verbrennt das Scheckheft der Mutter und entsorgt die Rückstände im Müllschlucker. Die Handtasche verstaut er zunächst unter dem Waschbecken und einen Tag später in einem Pappkarton im Trockenraum eines nahe gelegenen Hochhauses, das nicht zu seinem Hausmeisterbereich gehört. Kittel und Handschuhe entsorgt Schaber am Rande eines öffentlichen Parkplatzes.

Am späten Nachmittag des 8. August kommt Julia Schaber von der Arbeit als Zivilangestellte bei der Nationalen Volksarmee nach Hause und drängt ihren Mann, nach der Schwiegermutter zu sehen. Sie ist beunruhigt, weil die sich noch immer nicht gemeldet hat. Ehemann Frank versucht, sie zu beruhigen. »Ist doch schön, da haben wir wenigstens unsere Ruhe.« Julia lässt nicht locker. Drüben bei Maria Schulzke tut sich nach mehrfachem Klingeln nichts. Frank dreht sich um und will wieder gehen, doch Julia hält ihn auf. »Du hast doch einen Schlüssel. Schließ auf.«

Die Luft in der Wohnung ist heiß und stickig. Und es riecht irgendwie komisch, findet Julia. In der Küche steht ein Topf mit geschälten, aber noch ungekochten Kartoffeln auf dem Herd. Das Wasser darin ist trübe.

Der Topf muss schon längere Zeit unangetastet dort stehen. Frank schickt seine Frau ins Schlafzimmer. »Schau nach, ob Mutti schläft. Ich gehe ins Wohnzimmer.«

Als er die Wohnzimmertür öffnet, kommt ein Schrei über seine Lippen. »Mutti ist tot. Sie liegt vor dem Sessel. Der ganze Teppich ist voller Blut. Bitte schau dir das nicht an«, fleht er Julia an. Das Ehepaar informiert die Polizei.

Noch am selben Abend nimmt die MUK Frankfurt (Oder) die Ermittlungen auf. Während die Kriminaltechniker Spuren in der Wohnung sichern, beginnt parallel die Befragung von Bewohnern des Hauses und im Wohngebiet. Auch Julia und Frank Schaber als unmittelbare Angehörige werden vernommen. Da Morde sehr oft Beziehungstaten sind, gehören sie zu den Tatverdächtigen. Was den Kriminalisten auffällt, ist das Fehlen von jeglichen Einbruchspuren in der Wohnung der Getöteten. Sie muss den Täter gekannt und ihn eingelassen haben. Oder er war im Besitz eines Wohnungsschlüssels. Der Umstand, dass die Schranktüren und Schubladen nur geöffnet, aber nicht durchwühlt sind, vielmehr nur die Handtasche der Wohnungsbesitzerin unauffindbar ist, lässt Zweifel an einem Raubmord aufkommen. Auch dass das Opfer wider alle Gewohnheit den obligatorischen Besuchstag der Familie am Dienstag vergessen haben soll, erweckt Verdacht. Zudem wollen Zeugen gesehen und gehört haben, wie Frank Schaber sich am Dienstagvormittag mit seiner Mutter verabredet hat, was der wiederum bestreitet.

Frank Schaber wird am Nachmittag des 9. August als Tatverdächtiger festgenommen. Nach anfänglichem Leugnen gesteht er schließlich, seine Mutter getötet zu haben. Dass er nach einem zuvor gefassten Plan gehandelt habe, bestreitet Schaber. Die Mutter habe ihn bis aufs Äußerste gereizt, und er habe mit dem Schraubenschlüssel, den er als Hausmeister immer in seiner Werkzeugtasche mit sich trage, dann in höchster Erregung zugeschlagen. Schaber hat sich mit dem Strafgesetzbuch vertraut gemacht und hofft, höchstens wegen Totschlags angeklagt werden zu können. Wenn überhaupt.

Frank Schaber irrt.

Im März 1980 wird er vom 1. Strafsenat des Bezirksgerichtes Frankfurt (Oder) wegen Mordes und Diebstahls von persönlichem Eigentum zu einer lebenslangen Freiheitsstrafe verurteilt. Milderungsgründe, die eine nach dem Gesetz durchaus zulässige geringere Strafe ermöglicht hätten, sah das Gericht nicht. Die Tat wiege besonders schwer, weil der Angeklagte sie lange geplant und mit großer Intensität und Brutalität gegen sein völlig argloses Opfer ausgeführt habe, heißt es in der Urteilsbegründung.

Die vom Verteidiger angeführte fehlende Mutterliebe und Gefühlskälte stimmten die Richter nicht milder. »Keine Schuldmilderung war aus dem Motiv des Angeklagten abzuleiten, negative Einflüsse der Mutter auf seine Ehe zu verhindern und künftig Kränkungen durch sie auszuschließen. Der Angeklagte war in keiner Weise gehindert, den bestehenden Konflikt intellektuell zu bewältigen und daraus die Schlussfolgerung zu ziehen, sich erforderlichenfalls mit seiner Familie von seiner Mutter gänzlich zu trennen und danach zu handeln«, heißt es in der Urteilsbegründung.

Durch eine Amnestie des Staatsrates der DDR wird die Strafe gegen Frank Schaber später auf 15 Jahre herabgesetzt. Dessen Verhalten im Strafvollzug ist vorbildlich. Im April 1994 wird er auf Bewährung entlassen.

Tödliche Spreewald-Liebe

Mario Hoffbauer hat es nie einfach gehabt in seinen bisherigen 36 Lebensjahren. In der Nähe von Berlin geboren, war er eigentlich oft, zu oft, allein auf sich gestellt oder wurde von fremden Leuten erzogen.

Die Eltern sind beide Studenten, als ihr Sohn Mario 1953 das Licht der Welt erblickt. Nach dem Studium ergreifen sie ihre beruflichen Chancen und gehen voll und ganz in der Arbeit auf, die nahezu täglich nicht in einem normalen Acht-Stunden-Ablauf erledigt ist. Zunächst kümmert sich eine »Nanny«, wie Kindermädchen heute heißen, um das Baby. Später wird der Junge, durchgehend von Montag bis Freitag, in einer Wochenkrippe betreut. Freitagabend holen ihn Mama oder Papa ab, oder beide gemeinsam, am Montag in aller Frühe wird er bei »Tante Sigrid« oder einer anderen Erzieherin abgegeben. Die sorgen sich zwar hingebungsvoll um die Kinder, doch Eltern können sie nicht vollständig ersetzen.

Nach der Kindergartenzeit wird es nicht einfacher für Mario Hoffbauer. Häufig muss er wegen beruflicher Veränderungen der Eltern die Schule wechseln. Enge Freundschaften zu schließen in immer wieder neuen, fremden, festgefügten Klassenkollektiven ist schwer. Das belastet den Jungen. Dennoch meistert er mit Erfolg jede der zehn Schulklassen. Übermächtig wird der Druck, als die Abschlussprüfungen näherrücken. Er will den Anforderungen, die ihn psychisch überfordern, entfliehen und sich mit einem Luftgewehr umbringen. Der Suizidversuch scheitert. Das Diabolo dringt in sein Gehirn ein und bleibt an einer Stelle stecken, die den Ärzten die Entfernung des Geschosses unmöglich macht. Es treten Folgeerscheinungen auf, die fortan die Entwicklung hemmen. Die geistige Tätigkeit und die Belastbarkeit von Mario Hoffbauer sind eingeschränkt. Die bereits vereinbarte Lehre mit Abitur als Zootechniker wird unmöglich und muss abgesagt werden. Auch die Ausbildung zum Heimerzieher scheitert. Er wird wegen schwerer Verfehlungen von der Fachschule exmatrikuliert. Fortan arbeitet Mario Hoffbauer, der noch vor kurzer Zeit von einer anerkannten und begehrten Arbeitsstelle in einem Zoo mit exotischen Tieren träumte, als normaler Viehpfleger in einem volkseigenen Gut (VEG) und versorgt dort Kühe und Schweine. Das ist eine ehrenwerte Tätigkeit, doch den jungen Mann befriedigt sie nicht.

Mit 23 Jahren, im Jahr 1976, heiratet Hoffbauer und wird Vater. Er ist allerdings öfter mit hochprozentigen Getränken im Bunde als mit der Ehefrau. Auch seine Beziehung zu Arbeitsstellen ist eher wechselhaft denn stetig. Streitereien in der Ehe häufen sich, die Gattin droht, sich umzubringen. Der »Bund fürs Leben« hält am Ende nur sechs Jahre. Dann wird er geschieden.

Marios Leben befindet sich auf Talfahrt. Wegen des Verdachts einer Straftat ermittelt die Kriminalpolizei gegen ihn. Am Ende verfügt das Amtsgericht Zossen als Strafe und Hoffnung die unbefristete Einweisung von Hoffbauer in eine Nervenklinik.

Das scheint ein Glücksfall zu sein. Mario lernt in der Klinik Manuela kennen. Die junge Frau leidet an einer Hirnschädigung und wird hier von Nervenärzten zwecks einer möglichen Invalidisierung begutachtet. Noch während des Klinikaufenthaltes wird geheiratet, und wenig später bekommt das frischgebackene Ehepaar sein erstes Kind, einen Sohn. Manuela ist bereits Mutter von zwei Sprösslingen, die bei ihrem Vater leben und für die sie unterhaltspflichtig ist. Nach der Entlassung aus der psychiatrischen Klinik südlich von Berlin wohnt die kleine Familie zunächst in Potsdam und zieht dann in den Spreewald nach Lübbenau. Hoffbauer bekommt einen Job im Betriebsteil Lübbenau des VEB Spreewaldkonserve Golßen, der auch vernünftig bezahlt wird. Er leistet gute Arbeit, ist aber mehr Einzelgänger als Mitglied in seinem Arbeitskollektiv.

Der Umzug in die Idylle des Spreewaldes belastet die nervlich labile Manuela. Sie wird vom beschaulichen Leben in der Lagunenlandschaft mit den Hunderten von Kilometer langen Fließen der Spree nicht aufgefangen und motiviert, sondern verfällt aufgrund ihrer schizophrenen Erkrankung zunehmend in Apathie und Antriebslosigkeit. Manuela ist lustlos, verbringt viel Zeit im Bett, vernachlässigt Haushalt sowie die Betreuung und Erziehung des Kindes. Ihre »Ich-Funktionen« richten sich nicht auf das »Ich will«, sondern mehr und mehr auf das »Ich will nicht«. Selbstmordgedanken bringt dieses »Ich will nicht« hervor. Sie spricht mit dem Ehemann über ihre Suizidabsichten. Völlig aus der Bahn geworfen wird die Frau, als die Jugendhilfe den gemeinsamen Sohn in das Dauerkinderheim Lübbenau einweist.

Inzwischen erwartet das Paar wieder Nachwuchs. Die erneute Schwangerschaft treibt Manuela nicht an, sondern verringert ihren Lebensmut weiter, zumal sie spürt, dass sie wohl auch dieses Kind wegen ihrer Krankheit hergeben muss und es ebenfalls in einem Heim untergebracht werden wird. Und in der Tat, sie darf nach der Entbindung ihren Sohn nicht mit nach Hause nehmen. Er verbleibt im Krankenhaus.

Manuela erkennt immer deutlicher, dass ihre Lebensprobleme schwieriger werden und die Familie zunehmend mehr belasten. Sie fürchtet sich davor, wieder in der »Irrenanstalt«, wie sie es selbst ausdrückt, zu landen. »Dort will ich nie wieder hin«, fleht sie Ehemann Mario an. »Lieber bringe ich mich um.« Die Bitte, die sie damit an ihren Mann verbindet, ist strafbar, wenn er dieses Anflehen aus Mitleid erfüllen sollte. »Wenn ich es selbst nicht schaffe, musst du mir helfen«, fordert sie von ihm. Sie verfasst einen Abschiedsbrief. Und sie macht ernst. Die des Lebens überdrüssige Frau versucht, sich mit der Rasierklinge die Pulsadern aufzuschneiden, und schluckt Tabletten im Übermaß. Mario Hoffbauer verfolgt das alles mit Sorge und Wehmut, doch er kann nicht helfen, kann die Krise nicht entschärfen und schon gar nicht aufhalten.

Im September 1989 soll Manuela Hoffbauer im Bezirkskrankenhaus Cottbus am Unterleib operiert werden. Die Ärzte haben ausführlich mit ihr über die Notwendigkeit des Eingriffs gesprochen. Sie hat der Einweisung zugestimmt. Doch kaum in der Station aufgenommen, versucht sie sich von einem Treppengeländer in die Tiefe des Hauses zu stürzen. Im letzten Moment kann sie daran gehindert werden.

Täglich besucht Mario Hoffbauer seine Ehefrau. Er erfährt von ihr und auch von einer Krankenschwester vom Selbstmordversuch. »Wenn du operiert bist, dann wird alles wieder gut«, versucht er zu trösten. Als er am 27. September gegen 18 Uhr das Krankenhaus verlässt, fragt er die Stationsschwester noch nach der genauen OP-Zeit am folgenden Tag. »Ich rufe dann am Nachmittag an«, verspricht er der Schwester beim Verlassen der Klinik.

Einmal in Cottbus unterwegs, erledigt Mario in der Bezirkshauptstadt noch ein paar Dinge. Daheim wartet ja niemand.

Am Abend, bei der Ankunft in Lübbenau, traut er seinen Augen nicht. Manuela ist in der Wohnung und hat im Wohnzimmer den Abendbrottisch gedeckt. Neben Tellern, Tassen und Besteck, bei Brot, Wurst und Butter, bemerkt er eine Rasierklinge. Manuela sitzt, mit einem Briefbogen in der Hand, in einem Sessel. Sie ist aus dem Krankenhaus geflüchtet. Was sie krampfhaft festhält und immer wieder anstarrt, ist der amtliche Bescheid des Referats für Jugendhilfe der Stadt, mit dem die Unterbringung beider Söhne in einem staatlichen Heim angeordnet ist. »Manuela, was machst du hier? Was ist das für ein Brief?« Wortlos reicht Manuela ihm das Papier.

Der Schock der Eltern sitzt tief. So richtig und notwendig die Amtsentscheidung angesichts der Familiensituation ist und dem Kindeswohl dient, so sehr stürzt sie die Eltern in Verzweiflung. Das Familienleben in Lübbenau, der Stadt, die mit Lübben und Burg das Herz des Spreewaldes ist, spitzt sich unaufhaltsam zu und endet in der Katastrophe.

Manuela Hoffbauer ist, wie so oft, verzweifelt und lebensmüde.

»Ich sehe die Kinder nie wieder.«

»Das Leben ist so sinnlos ohne sie.«

»Ich will nicht mehr leben, warum auch? Und wofür?«

»Ich bringe mich um.«

»Ich will sterben, endlich tot sein.«

»Das alles ist doch sinnlos.«

»Das ist doch kein Leben mehr.«

»Ich will nicht wieder in die Irrenanstalt.«

»Aus der Klapse komme ich nie wieder heraus.«

»Bring mich endlich um, dann bist du frei.«

Ist eine Stunde vergangen? Oder sind es schon zwei? Mario Hoffbauer dröhnt der Kopf von den ununterbrochenen Klagen seiner Frau. Und von der Flasche Schnaps, die inzwischen fast leer ist. »Du willst mir nur nicht helfen. Du bist ein Schlappschwanz.« Die Liebe des Paares, die sie in den Spreewald führte, beginnt zu sterben.

Manuela hat ihren Mann so noch nie beschimpft. Mario wird klar: Sie wird immer wieder versuchen, sich das Leben zu nehmen. Sie wird wieder in die Nervenklinik eingewiesen. »Das will sie doch aber nicht. Lieber will sie sterben, als wieder dort zu landen«, schwirren die Gedanken in seinem Kopf wild durcheinander. Tiefes Mitleid nimmt von ihm Besitz. Er beschließt, ihr »Sterbehilfe« zu leisten, und sich dann selbst umzubringen. »Doch kann ich das überhaupt?« Zweifel steigen in ihm auf. Dann hört er erneut Beschimpfungen. Ihm brummt der Kopf. »Ruhe, Ruhe, Ruheeee!« Er steht auf, geht zu seiner Manuela, die, nur mit einem Slip bekleidet, in einem der beiden Sessel sitzt, nimmt sie in den Schwitzkasten und würgt sie bis zur Bewusstlosigkeit. Er greift nach der auf dem Tisch liegenden Rasierklinge und öffnet mit zwei Schnitten die Pulsadern am rechten Handgelenk seiner Ehefrau. Blut spritzt, und er stillt es nicht. Manuela verblutet. Sie ist wenige Minuten später tot. So wie sie es wollte.

Mario Hoffbauer flüchtet aus der Wohnung und kauft sich auf dem Bahnhof Lübbenau in der Mitropa eine Flasche Hochprozentigen. Er leert die Pulle Schluck um Schluck und schläft irgendwo im Freien. Ihm graut es, zurückzukehren in das Zuhause, das es so nicht mehr gibt. Zu seiner Gattin, die er geliebt hat und der er zum Tode verholfen hat, so wie sie es wollte. So jedenfalls bewertet er das Geschehene.

Am nächsten Tag überwindet er sich doch. Er kehrt in die Wohnung zurück, nimmt Manuela in die Arme, wäscht sie und bahrt die Tote im Ehebett auf. Mario legt sich für Minuten dazu, schmiegt sich an den leblosen, erkalteten und starren Körper seiner Frau und verlässt die Wohnung. Eine Endgültigkeit liegt in der Drehung des Schlüssels im Schloss.

Die nächsten Tage verbringt Mario Hoffbauer wie in Trance in Lübbenau. Geht hierhin und dahin, in diese Gaststätte und in jene. Er setzt sich schließlich in den Zug und fährt quer durch die Republik – ziellos und verzweifelt. Am Abend des 5. Oktober will er verwirklichen, was er seiner Manuela versprach: mit ihr zu gehen auf den letzten Weg, auf den er sie schickte. Die Rasierklinge, mit der er sich die Pulsadern aufschlitzt, ist nicht scharf genug. Oder er drückt nicht fest genug zu. Oder ihm fehlt der Mut. Im thüringischen Gotha stellt er sich der Polizei und legt ein Geständnis ab.

Das Bezirksgericht Cottbus verurteilt den Angeklagten wegen Totschlags zu einer Freiheitsstrafe von vier Jahren. Nach Verbüßung der Haft ordnet das Gericht die Einweisung in eine psychiatrische Klinik an. Das in Jugendjahren bei einem Selbstmordversuch abgegebene Diabologeschoss aus dem Luftgewehr verursachte irrreparable Schädigungen im Hirn von Mario Hoffbauer.

Vermisst

Alfred Eksund ist die Sache nun doch unheimlich. Als er am 1. September 1981 beim Volkspolizei-Kreisamt (VPKA) in Strausberg eine Vermisstenanzeige aufgibt, ist seine Mutter Anna Eksund seit sechs Wochen verschwunden. Mitte Juli hat Tochter Simone ihm in einem Brief mitgeteilt, dass die Oma »Hals über Kopf« das Haus verlassen habe. Wahrscheinlich war ihr der ganze Rummel des Zusammenlebens mit ihr, dem Verlobten Lars Schwieg sowie Urenkel Jan doch zu anstrengend. Oma Anna könnte zu einer Verwandten nach Westberlin gefahren sein, vermutete Simone. Sie habe ja einen Reisepass.

Die »Flucht« der 71 Jahre alten Anna Eksund scheint nachvollziehbar zu sein, auch für Sohn Alfred in Schwerin. Vor einem Jahr, im November 1980, waren die jungen Leute von Schwerin zur Oma nach Neuenhagen bei Berlin gezogen. Das Haus ihrer Cousine Maria Katzur, in dem sie wohnt, ist, wie sie selbst auch, in die Jahre gekommen. Cousine Maria ist inzwischen 85 Jahre alt und schwerkrank. Anna mit ihren 71 Jahren ist zwar noch mobil und unternehmungslustig, doch zuletzt musste sie viele Dinge in dem großen Haus, in dem noch eine ältere Familie in der obersten Etage zur Miete wohnt, auf dem Hof und im Garten allein bewältigen. Die helfenden Hände eines rüstigen 22-jährigen Mannes können da schon von Nutzen sein, erst recht, wenn der den Beruf eines Bautischlers erlernt hat.

Lars versteht sich seit dem ersten Tag des Einzugs gut mit der Oma seiner Verlobten Simone. Nur zwischen der 19 Jahre alten Enkelin und ihrer Großmutter gab es zuletzt Reibereien, vor allem wenn es ums Kochen, Waschen, Putzen ging. Außerdem sind drei Personen mehr im Haushalt doch eine Umstellung »auf die alten Tage« der Anna Eksund. Noch dazu, wenn ein Urenkel im Alter von eineinhalb Jahren nichts auslässt, um sich seine Welt langsam zu erobern. Selbst wenn die jungen Leute ihr eigenes Wohn- und Schlafzimmer haben, bringen Gemeinschaftsküche und Gemeinschaftsbad den lange gewohnten Alltag einer alleinstehenden Frau durcheinander. »Dem ist Oma Anna halt einfach mal entflohen«, denkt die Familie und ist zunächst wenig beunruhigt. Deshalb erkundigen sich Sohn und Enkelin zunächst mehr oder weniger intensiv bei Verwandten und Freundinnen nach dem Verbleib der Abtrünnigen. Doch wo auch immer sie nachfragen, Anna Eksund ist nirgendwo aufgetaucht.

Die Kriminalpolizei in Strausberg reagiert sofort. Unmittelbar nach der Anzeige durch Alfred Eksund wird noch am selben Tag die Wohnung der Vermissten im Beisein des Sohnes und der Enkeltochter inspiziert. Hinweise auf einen Verbleib der Gesuchten finden sich nicht. Nichts deutet darauf hin, dass sich die Rentnerin auf eine längere Abwesenheit vorbereitet hätte. Der Reisekoffer steht auf dem Schrank, und an Bekleidung scheint nach Angaben der Enkeltochter außer einem leichten Sommermantel nichts zu fehlen. In den Unterlagen der vermissten Frau finden sie sechs Adressen von Verwandten und Freundinnen auch in Westberlin, die bisher nicht bekannt waren. Die Spuren verlaufen sich im Nichts. Anna Eksund bleibt verschwunden.

Könnte sie Selbstmord begangen haben? Enkeltochter Simone berichtet von manchen Äußerungen der Großmutter, wonach es das Beste wäre, sich den Strick zu nehmen. »Hier ist ja doch alles scheiße. Nichts kann man sich kaufen, so wie im Westen. Und mit der Gesundheit ist ebenfalls nicht mehr viel los.« Dieses und anderes hat sie mehr als einmal gehört.

Nachdem die Polizisten die engsten Angehörigen vernommen haben, gehen sie »Klinken putzen«, klingeln bei Bewohnern des Hauses und in der näheren Nachbarschaft. Zum Zeitpunkt des Verschwindens der Gesuchten am 16. Juli 1981 waren keine anderen Mieter im Haus, ergeben die Befragungen. Die Aussagen von zwei Zeugen bekommen für die weiteren Ermittlungsschritte besondere Bedeutung. Eine Nachbarin, die zwei Grundstücke entfernt wohnt, will an einem Abend zwischen dem 15. und 17. Juli von der Straße aus Schreie gehört haben. Sie sei so gegen 19 Uhr von einer Bekannten gekommen und auf dem Weg zu ihrem Haus gewesen. »Ich hörte eine Streiterei und dann etwa zehn laute Schreie. Anschließend war wieder Ruhe. Die männliche Stimme war die von Lars Schwieg. Da bin ich mir sicher«, sagt sie. »Die Hilfeschreie kamen von einer Frau. Ob sie von Frau Eksund waren, kann ich nicht sicher sagen«, erklärt die Zeugin. »Ich bin gleich wieder zurück zu meiner Bekannten und habe der davon erzählt. Die weiß das bestimmt noch.« Diese bestätigt die Angaben, kann sich jedoch jetzt, im September, wie die Nachbarin nicht mehr an den genauen Tag erinnern. »Es muss aber um den 16. Juli herum gewesen sein.«

Seltsames berichtet die Mieterin, die in dem Mehrfamilienhaus der Cousine über der Wohnung von Anna Eksund wohnt. Die 79-jährige Dame war für Maria Katzur eine Vertrauensperson. Sie stellt das Bild von Nähe und Herzlichkeit zwischen den jungen Leuten und Oma Eksund, das den Polizisten von den Angehörigen bisher gezeichnet wurde, in ein anderes, ein weniger gutes Licht. Die Mitbewohnerin spricht von ständigen Streitereien nicht nur zwischen den Verlobten, sondern auch zwischen denen und Anna Eksund. »›Da habe ich mir ja was Schönes aufgeladen, dass ich mir die jungen Leute ins Haus geholt habe‹, hat Anna mehr als einmal zu mir gesagt«, verrät sie.

Was sie erzählt, verstärkt bei den Kriminalisten die Befürchtung, dass Anna Eksund ums Leben gekommen sein könnte. »Die Maria hat ein Testament gemacht, in dem sie das Haus nach ihrem Ableben der Anna vererbt hat. Außerdem hat sie ihr ganzes Erspartes, nämlich 8.000 Mark, von der Sparkasse auf das Sparbuch ihrer Cousine übertragen lassen. Das hat sie dann mir zum Aufbewahren gegeben«, sagt die betagte Mieterin aus. Als sie weitererzählt, kommen ihr die Tränen. »Am ersten September standen plötzlich der Sohn von Anna, der sich schon seit dem 31. August im Haus aufhielt und ständig betrunken war, und der Lars Schwieg vor meiner Tür. Die wollten das Sparbuch haben, um Geld abzuheben. Das Sparbuch wollte ich jedoch nicht herausgeben.« Sie hat es dann aber doch getan. »Ich bin der rechtmäßige Erbe und deshalb bin ich berechtigt, das Buch zu verlangen«, habe der Sohn sie angebrüllt und sie bedroht. »Außerdem wollten die Männer gleich noch die Miete für Juli und August kassieren. Das Geld habe ich aber nicht herausgegeben, sondern zur Seite gelegt. Schließlich lebt die Maria Katzur ja noch und ist die Eigentümerin des Hauses.«

Während die inzwischen auch öffentliche Fahndung nach der vermissten Anna Eksund läuft, durchsuchen Kriminaltechniker unmittelbar nach dieser Zeugenbefragung das Haus vom Keller bis zum Boden und das gesamte Grundstück. Auf dem Gartengelände fällt ihnen eine frisch bewachsene Stelle in der Größe von sechs mal zehn Metern auf. Die Beschaffenheit der Pflanzen lässt vermuten, dass der Boden vor vier bis sechs Wochen umgegraben worden sein könnte. Allerdings ist die Krume nur einen Spatenstich tief gelockert, die Schichten darunter sind fest erhalten. Andere Grabungen im Garten werden nicht entdeckt. Unter die Lupe nehmen die Kripo-Leute zudem zwei Abwasser-Auffanggruben. In keiner der beiden Klärgruben wird auch nur die geringste Spur gefunden, die auf ein Verbrechen an Anna Eksund hindeutet. Dafür gibt es auch in Boden- und Kellerräumen keine Anhaltspunkte. Das Rätsel um den Verbleib von Anna Eksund bleibt ungelöst.

Die Hoffnung, dass sie noch lebt, schwindet, als Ermittlungen bei der Sozialversicherung des Freien Deutschen Gewerkschaftsbundes (SV FDGB) ergeben, dass die Vermisste ihre Rente weder im Juli noch im August abgeholt hat. In den folgenden drei Monaten ändert sich daran nichts. Der Verdacht, dass die von einer Zeugin gehörten Hilfeschreie das letzte Lebenszeichen von Anna Eksund gewesen sein könnten, erhärtet sich. Als wahrscheinlicher Täter rückt für die inzwischen eingeschaltete MUK in Frankfurt (Oder) Lars Schwieg ins Zentrum der Aufklärungsarbeit. Der aber bleibt bei der Version, wonach sich die Vermisste am Vormittag des 16. Juli 1981 in Richtung Bahnhof auf den Weg machte, um eine Verwandte zu besuchen. Einen Koffer habe sie aber nicht mitgenommen, und ob sie Ausweis und Reisepass bei sich gehabt habe, wisse er nicht.

Gegenteiliges ist Lars Schwieg nicht nachzuweisen. Dass er inzwischen seine Arbeit bei einer Produktionsgenossenschaft des Handwerks (PGH) durch seine Verlobte auflösen ließ, seitdem beschäftigungslos ist und die Absicht hat, nach Schwerin zurückkehren, kann als Indiz für eine Schuld gewertet werden, mehr aber auch nicht.

Am 17. Dezember 1981 entschließt sich die MUK, das Grundstück in Neuenhagen noch einmal nach dem Leichnam von Anna Eksund zu durchsuchen, und zwar diesmal nicht nur durch bloße Inaugenscheinnahme wie im September durch die Kriminalisten der Strausberger Polizei, sondern mit allen zur Verfügung stehenden Mitteln. Von der Spezialhundeschule der VP Pretsch wird ein Leichensuchhund eingesetzt. Mit einem Fäkalienfahrzeug der ortsansässigen LPG lässt die Kripo beide Jauchegruben abpumpen. Die Ergebnisse sind erneut ernüchternd. Die Nase des Hundes erschnüffelt keinerlei Hinweise, dass im Garten eine Leiche vergraben sein könnte. Auch in den Fäkaliengruben gibt es keine Hinweise auf menschliche Körperteile.

Parallel zur Suche nach der Vermissten in Neuenhagen wird im VPKA Straußberg erneut Lars Schwieg befragt. Die Vernehmung beginnt um zehn Uhr.

Frage: Wissen Sie, aus welchem Grund die heutige Vernehmung durchgeführt wird?

Antwort: Ich kann mir denken, dass es darum geht, dass die Oma verschwunden ist.

Vorhalt: Es geht um 1. das Verschwinden der Frau Anna Eksund, 2. Ihre Nichtaufnahme einer Arbeit und 3. darum, weitere von Ihnen mögliche begangene strafbare Handlungen zum Gegenstand der heutigen Befragung zu machen.

Frage: Haben Sie das vollinhaltlich und richtig verstanden oder haben Sie dazu noch Fragen?

Antwort: Ich habe das verstanden und habe keine Fragen.

Frage: Zu welchem Komplex möchten Sie sich äußern?

Antwort: Ich möchte meine Freundin sprechen.

Im Beisein des Vernehmers gesteht Lars Schwieg seiner Verlobten: »Ich habe die Oma getötet. Du kannst jetzt die Wahrheit sagen, denn du hast damit nichts zu tun.« An den Vernehmer der MUK gewandt, fügt er hinzu: »Ich bin bereit, in Neuenhagen zu zeigen, wo ich die Leiche der Oma vergraben habe.«

Lars Schwieg führt die Kriminalisten in den hinteren Teil des Gartens zu einer Stelle zwischen zwei Obstbäumen. »Dort liegt sie«, sagt er und zeigt auf eine Fläche von zweieinhalb Quadratmeter Größe. In etwa 70 Zentimeter Tiefe wird der Leichnam eines Menschen geborgen. Er ist, in gehockter Stellung in einem Teppich eingewickelt, dort verscharrt worden. Bestatter bringen die sterblichen Überreste samt Teppich, in Plastetüten verpackt, zum Institut für Gerichtliche Medizin Berlin. Anhand von früheren und aktuellen Röntgenaufnahmen des Brustkorbes und des Zahnstatus wird die Tote als die über Monate gesuchte Anna Eksund identifiziert. Trotz der stark vorangeschrittenen Verwesung wird die Todesursache eindeutig ermittelt. Oma Eksund wurde gedrosselt und erstochen.

Der eitel Sonnenschein, der nach dem Einzug der jungen Leute über und in den altehrwürdigen, aber pflegebedürftigen Gemäuern des Mehrfamilienhauses herrschte, trübte sich schnell ein. Vor allem der zunehmende Alkoholkonsum von Lars schmeckte Oma Anna nicht. Er bereitete ihr Sorgen und führte immer öfter zum Streit. Die Rentnerin bemerkte, dass auch der Arbeitsfleiß des künftigen Ehemannes ihrer Enkelin Simone litt – auf seiner Arbeitsstelle in einer PGH, wo er immer öfter wegen Krankheit, Urlaub oder auch unentschuldigt fehlte, aber auch bei der Pflege und Instandhaltung des Hauses.

Am 15. Juli 1981 ist Lars Schwieg wieder einmal krankgeschrieben. Am Vormittag hat er das ärztliche Attest wegen Nierenschmerzen dem Arbeitgeber vorbeigebracht und sich auf dem Rückweg nach Hause zum »Nieren durchspülen« eine große Flasche Wodka gekauft. Im Laufe des Nachmittags sinkt der Pegel in der Flasche Schluck für Schluck um gut die Hälfte der ursprünglichen Füllmenge. Oma Anna ist, als sie am späten Nachmittag vom Einkauf kommt und nach dem »kranken« Lars schaut, der im Schlafzimmer offensichtlich angetrunken auf dem Bett liegt, erbost. »Warum hast du schon wieder gesoffen?«, fragt sie ihn und setzt sich auf einen Stuhl, der vor dem Bett steht. »Ich trinke, solange ich will. Das geht dich gar nichts an«, kontert der. »Immer deine Meckerei. Die geht mir auf den Sack. Außerdem, alles, was Simone macht, passt dir auch nicht. Lass mich in Ruhe.« Die Hausherrin lässt ihn nicht in Ruhe. »Das geht mich was an«, hält sie dagegen. »Wenn ich gewusst hätte, wie das alles wird, hätte ich euch nicht ins Haus geholt.«

Der Streit wird immer heftiger und lauter. Bei Lars Schwieg ist das Maß voll. Wütend springt er aus dem Bett und würgt die alte Dame von hinten und von vorn am Hals. Mehrmals noch kann sie um Hilfe schreien, was bis auf die Straße zu hören ist. Dann kippt Anna Eksund bewusstlos vom Stuhl und bleibt regungslos auf dem Fußboden liegen. In diesem Moment klingelt es an der verschlossenen Gartenpforte. Simone, die von ihrer Klinikschicht als Krankenschwester gekommen ist, steht davor. In ihrer Schusseligkeit hat die Frau wieder einmal ihre Schlüssel vergessen. »Was ist denn los?«, fragt sie Lars, der einen verwirrten Eindruck auf sie macht. »Lass mich rein.«

Drinnen packt sie das blanke Entsetzen, als Lars gesteht, dass er im Streit die Oma gewürgt hat und die nun vielleicht tot sei. Panisch rennt die junge Frau ins Schlafzimmer und ist froh, als sie bei der Großmutter einen, wenn auch schwachen Pulsschlag fühlt. »Bring kaltes Wasser und ein Tuch, aber schnell«, herrscht sie ihren Verlobten an. Als die Überfallene die Augen aufschlägt und ruhiger atmet, bringt das Paar die sichtlich gezeichnete alte Dame, an Händen und Füßen tragend, hinüber ins Wohnzimmer. »Oma, was ist denn passiert?«, fragt die Enkelin, die bemerkt, dass nun auch noch deren rechtes Auge blau wird und anschwillt. Lars muss die alte Dame nicht nur gewürgt, sondern auch geschlagen haben. »Der Säufer will mich umbringen. Ich gehe zur Polizei und zeige ihn an«, antwortet die Großmutter im Beisein des Verlobten. Dann schleppt sie sich hinauf in ihr Schlafzimmer, das sich in der oberen Etage befindet.

In der Nacht nach dem Überfall auf die Rentnerin zecht Lars Schwieg weiter. »Wenn ich andauernd als Säufer beschimpft werde, kann ich auch weitersaufen«, ist seine Argumentation gegenüber der Verlobten, die ihm sogar noch eine kleine Flasche Weinbrand aus der Vorratskammer holt.

Am Morgen, nach dem Aufstehen, genehmigt sich der Mann in der Küche weitere Schlückchen hochprozentiger Spirituosen, natürlich gleich aus der Flasche und nicht aus einem Glas. Die Oma, die sich einen Kaffee brüht, ereifert sich erneut. »Mit dir, das nimmt mal ein schlimmes Ende, wenn du so weitermachst. Ich gehe nachher zum Arzt«, gibt sie sich entschlossen und zeigt auf die Würgemale am Hals. »Der soll sich das ruhig mal ansehen.« »Ich kann ja mitkommen, und wenn du noch zur Polizei willst, komme ich auch mit. Ich schaffe nur noch die leeren Flaschen in den Keller«, bietet Lars an.

Anna Eksund traut dem Frieden nicht. Sie steigt aus dem Küchenfenster, weil sie den Haustürschlüssel oben im Zimmer vergessen hat. Das Gartentor ist verschlossen. Lars, der den Fluchtversuch vom Keller aus beobachtet, hastet seinem Opfer nach. Er weiß um die Konsequenzen, die ihm im Falle einer Anzeige drohen. Er ist ein erfahrener »Knacki«. Zwei Jahre und neun Monate musste er im Gefängnis zubringen, weil er einer alten Frau auf dem Friedhof die Tasche geraubt und weil er mit drei Komplizen Paketzustellanlagen aufgebrochen hat. Bei dem Raub war er gerade 14 Jahre alt. Auch zwei Brüder saßen hinter Gittern, der ältere sogar wegen eines Gewaltdeliktes fünfeinhalb Jahre. Der jüngere Bruder bekam ein Jahr Gefängnis aufgebrummt, weil er einer der Komplizen bei den Paketdiebstählen gewesen war. Genauso hatte der Vater, ein Brunnenbauer, Knasterfahrungen, war wegen Körperverletzung in Haft. Lars Schwieg selbst, so diagnostiziert ein Arzt später in einem forensisch-psychiatrischen Gutachten, sei ein »gemütloser Psychopath«.

Gewissenlos, ohne Empfindungen, Emotionen, Mitleid will Lars Schwieg, der »gemütlose Psychopath«, verhindern, dass er wegen der »Alten« wieder hinter Gittern landet. Er packt sein Opfer am Gartentürchen und schleppt es zurück in die Küche. Von dort schleift er die Frau in einen von ihm als Gästezimmer ausgebauten Raum in einem Gebäude im hinteren Teil des Gartens. Die Rentnerin wehrt sich nach Kräften, schlägt mit einem Schuh auf den Täter ein und erhält dafür einen heftigen Faustschlag ins Gesicht, der sie zu Boden wirft. Mühsam nur rappelt sie sich auf und schafft es mit letzter Kraft bis zu einem Sessel. Lars Schwieg, den die Großmutter seiner Verlobten anfangs ganz in ihr Herz geschlossen hatte, vollendet seinen Plan. Wie schon am Vortag drückt er ihr die Luft ab, bis sie bewusstlos ist. Damit nicht genug. Der Täter geht in einen nahe gelegenen Schuppen, holt sich dort einen Stechbeitel und stößt dem Opfer das Werkzeug einmal in den Hals und zweimal in die Brust. Kurz darauf ist Anna Eksund tot. Der Mörder holt sich einen Spaten aus dem Schuppen, buddelt ein eineinhalb Meter großes und ebenso tiefes Loch, wickelt die Leiche in einen Teppich, der im Gästezimmer auf den Dielen gelegen hat, steckt die herausragenden Beine in einen Einkaufsbeutel und verscharrt die Tote. Portemonnaie, Sparbuch und den Rentenausweis der Getöteten nimmt er an sich. Die von ihm geleerte Geldbörse verbrennt er, das Sparbuch und den Rentenausweis steckt er in den Küchenschrank. Das Geld auf dem Sparbuch soll schließlich den Erben zugutekommen.

Mit dem Verbrechen an ihrer Großmutter hat Enkelin Simone nichts zu tun. Bei den Vernehmungen durch die Polizei nach dem Eingang der Vermisstenmeldung verschweigt sie allerdings bis zum Schluss die Gewalttat vom Vortag des späteren Mordes.

In den Wochen der Ungewissheit sind die Mutmaßungen über den Verbleib der Oma immer wieder Gesprächsthema zwischen dem Paar. Als Schwieg sie fragt: »Was würdest du denn machen, wenn ich die Oma umgebracht habe?«, tippt sich die junge Frau nur mit dem Finger an die Stirn und sagt: »Du spinnst ja.«

Das Bezirksgericht Frankfurt (Oder) verurteilt den inzwischen 24 Jahre alten Lars Schwieg am 12. Juli 1982 wegen Mordes und noch anderer von ihm begangener Straftaten zu einer lebenslangen Freiheitsstrafe. Die Hauptverhandlung dauert nur einen Tag. Das Oberste Gericht der DDR verwirft einen Monat später die Berufung des Angeklagten gegen dieses Urteil.

Im Dezember 1991 wird die Strafe durch einen Gnadenerlass auf 15 Jahre reduziert und Lars Schwieg auf Bewährung aus dem Gefängnis entlassen. Die vierjährige Bewährungszeit wird von ihm nicht positiv genutzt. Im Juli 1994 verurteilt ihn das Amtsgericht Schwerin zu einem Jahr Freiheitsstrafe wegen Körperverletzung und Bedrohung. Er hat die neue Lebensgefährtin und deren 18 Jahre alte Tochter unter Alkoholeinfluss geschlagen und die Partnerin mit den Worten bedroht: »Du kannst froh sein, dass ich dir nicht die Kehle aufschlitze.«

Nur zwei Jahre später muss sich erneut ein Gericht, diesmal wieder das Landgericht in Schwerin, mit Lars Schwieg befassen. Der ist inzwischen in einem Obdachlosenheim gelandet. Die 27 Jahre alte Frau, die er dort kennenlernte, bekam die Unberechenbarkeit des Psychopathen ebenfalls zu spüren. Bis zur Bewusstlosigkeit würgte er sie und drohte damit, sie umzubringen oder aus dem Fenster zu werfen. Das Landgericht Schwerin verurteilt den Angeklagten zu einer Freiheitsstrafe von zwei Jahren und drei Monaten.

Trotz des Verstoßes gegen Bewährungsauflagen begehrt Lars Schwieg im Juli 1996, dass er von der verbliebenen Reststrafe aus dem Mordurteil des Bezirksgerichtes Frankfurt (Oder) unter Anrechnung der reduzierten Strafe aus dem Gnadenerlass freigestellt wird. Das Landgericht Rostock lehnt das Ansinnen ab.

Geheimbund »Sybilla«

Heute, am letzten Augusttag des Jahres 1974, es ist ein Samstag, wollen der 17 Jahre alte Jörg Flieger und sein ein knappes halbes Jahr jüngerer Freund Marko Kobatz ihren Geheimbund besiegeln. »Sybilla« soll er heißen. Jörg erzählte Marko zwei Monate zuvor von einem Traum. Beide saßen gemütlich im Garten des Grundstücks der Familie Kobatz in einem Ortsteil der Stadt Brandenburg an der Havel. Die beiden jungen Leute sind in einem Alter, in dem die Gedanken und Gefühle beim Übergang vom Kind sein zum Erwachsenwerden sich zwischen Die-Sterne-vom-Himmel-Holen und tristem Trübsalblasen bewegen. Die Freunde kennen sich seit ihrer Kindergartenzeit. Auch in der Schule drücken sie in derselben Klasse die Schulbank. Am Nachmittag, in ihrer Freizeit, vergeht kaum ein Tag, an dem sie nicht zusammenhocken.

Jörg berichtete Marko an jenem Tag im Juni 1974 von seinem Traum, nachdem er ihm das Versprechen abgenommen hatte, niemandem davon zu erzählen. »Ich war auf dem Friedhof in Marienberg. Ganz allein. Es war schon dunkel, und inmitten der Gräber war es ganz schön gruselig. Ich wollte aber unbedingt einmal auf einem Friedhof übernachten. Schiss hatte ich schon, deshalb hatte ich auch Schnaps mitgenommen. Halbleer war die Flasche, als ich aufgewacht bin. Auf dem Friedhof ist mir eine Frau begegnet. Wie eine ›Königin der Nacht‹ ist sie mir erschienen. Und dann kam sie mir vor wie der Tod. ›Ich heiße Sybilla‹, hat sie gesagt. Sie hat von einem Geheimbund gesprochen, in dem man immer füreinander da ist und zu dem man nur gehören kann, wenn man ein düsteres Geheimnis hat, von dem kein anderer etwas wissen darf als die Mitglieder des Bundes.«

Fortan beherrscht »Sybilla« die beiden Jungs, die keine Kinder mehr sind, aber längst auch noch nicht Erwachsene. Sie spüren innerlich beide, dass sich etwas in ihre Freundschaft einmischt, was dort nicht hingehört. Jörg, der etwas Ältere, fühlt sich zu Marko hingezogen. Sein Herz klopft, wenn er ihn sieht. Er möchte ihn berühren, ihn küssen. Bei solchen Gedanken bekommt er eine Erektion. Gegen Mädchen hat er jedoch eine Abneigung. Seine leichten O-Beine machen den Jungen schüchtern, obwohl die in Wirklichkeit viel weniger ausgeprägt sind als die vieler Fußballspieler. Eine Klassenkameradin, die sich ihm einmal näherte, wies er brüsk ab. »Wir sind doch erst 16 Jahre alt, und von Liebe will ich nichts wissen.« Unter den Mädchen ist er deshalb zum Thema ihrer Tratscherei geworden.

Marko dagegen wünscht sich eine Freundin. Die Gefühle seines Freundes ihm gegenüber kann und will er nicht erwidern. Doch auch er ist gehemmt. Nach dem Sport, unter der Dusche, hat er Kameraden gesehen, die männlich besser bestückt sind, als er es bei sich erkennt.

Die Freunde haben voreinander keine Geheimnisse, auch keine intimen. Sie reden miteinander über ihre männlichen Selbstwertgefühle, die sich dem Tiefpunkt nähern. Dieser Komplex, keine richtigen Männer zu sein, der undurchdringliche Dschungel der Gefühle, kettet sie förmlich zusammen. Mit ihren Eltern möchten sie darüber nicht sprechen. Fliegers Familie leidet unter dem Verlust eines der drei Kinder. Jörgs zwölf Jahre alter Bruder nahm sich vor einem Jahr das Leben, weil schulischer Leistungsdruck übermächtig für ihn geworden war.

Marko Kobatz ist daheim das Nesthäkchen, die beiden Schwestern sind wesentlich älter als er. Die Familie ist sehr religiös, über Sexualität wird nicht gesprochen. Die Kinderlein kommen und sind dann eben da.

Der Geheimbund wird für die heranwachsenden Jugendlichen der Ausweg und die Lösung aller pubertären und spätpubertären Probleme.

Der Ort, an dem Jörg Flieger und Marko Kobatz nach langen Diskussionen und einem Fehlschlag die düstere Verbindung unbedingt mit Blut und Tod besiegeln wollen, ist nicht so mystisch, wie man ihn sich vorstellt. Im Gegenteil. Er ist ein halbhoch bewachsenes Maisfeld ganz in der Nähe der Badestelle »Werdersches Eck« am Wusterwitzer See. Es ist auch nicht Mitternacht oder gar noch später, sondern helllichter Tag. Gegen 14 Uhr sind sie mit ihren Fahrrädern dorthin geradelt. Eine viertel Stunde Fahrzeit haben sie benötigt von daheim. Was sie für das »Ritual« brauchen, steckt in einer grünen Reisetasche: Feldspaten, zwei Fahrtenmesser, schwarze Fingerhandschuhe, Gummischutzmasken, vier Stücke Wäscheleine, ein blaues Pionierhalstuch, eine Decke, Kondome der Marke »Mondo« und einen Plastikbeutel mit der Aufschrift »Kaufhof«. Zum Inhalt gehören ferner zwei weiße Hemden, auf deren Vorderseite jeweils ein mit schwarzer Textilfarbe bemalter Kopf zu sehen ist. Ein Symbol des Todes.

Inmitten des Maisfeldes beginnen sie eine Grube auszuheben, eineinhalb Meter lang, fast 70 Zentimeter breit und einen guten halben Meter tief. Wer hier drin steht, kann von dem drei Meter breiten Weg aus, der zwischen dem Feld und einem gegenüberliegenden Wäldchen vorbei zum See führt, nicht gesehen werden. Außerdem kann man in der Mulde etwas verscharren. Während Kobatz in der Grube verharrt, erklimmt Flieger einen Baum und hält Ausschau. Das Warten zehrt an den Nerven, doch der Plan, den sie über eine längere Zeit hinweg geschmiedet hatten, soll heute gelingen. Ist das Opfer erbracht, wird nichts und niemand jemals ihren Bund »Sybilla« sprengen. Die Zeremonie darf nicht wieder scheitern, so wie Tage zuvor.

Die Freunde begeistern sich schon lange für Kino- und Fernsehfilme, vor allem für solche, in denen Gewaltverbrechen die dominierende Rolle spielen. Darüber können sie stundenlang quatschen, und wenn Alkohol, den sie immer öfter aus Kaufhallen stehlen, die Gespräche befeuert, entwickeln sie Fantasien, die von Grausamkeiten geprägt sind. Sie identifizieren sich mit den Tätern in den Filmen, die zu ihren Helden werden, und schauen sich pornografische Bilder an, die in der DDR unter der Hand kursieren. Kobatz fertigt sogar Zeichnungen an, in denen er das Quälen nackter Mädchen darstellt.

Als am 23. August 1974 im zweiten Fernsehprogramm (ZDF) der BRD aus der Serie »Die Straßen von San Francisco« die Folge »Der Mörder mit der Mundharmonika« gezeigt wurde, hatten Jörg und Marko neuen Gesprächsstoff für die Gründung des Geheimbundes »Sybilla«. Held in der Serie ist Detective Lieutenant Mike Stone. Seine Tochter Jean, die außerhalb von San Francisco an einem College studiert, besucht ihn während der Semesterferien. Gemeinsam mit einer Freundin benutzt Jean einen Überlandbus. Mike fährt ihr entgegen, um sie abzuholen. Er hat Sehnsucht nach ihr und will sie so schnell wie möglich sehen und in die Arme schließen. Jean steigt in sein Auto, die Freundin fährt im Bus weiter. An der Endstation wird Jeans Freundin tot im Bus aufgefunden. Der Mörder muss unter den Mitreisenden gewesen sein. Anhand von Polizeifotos einschlägig vorbestrafter Verbrecher identifiziert Jean einen Mann, der ihr aufgefallen war, weil er im Bus Mondharmonika gespielt hat. Nun jagen Mike Stone und sein Partner, Inspektor Steve Heller, den mutmaßlichen Mörder Lenny Cord. Doch der scheint ein hieb- und stichfestes Alibi zu haben. Dennoch bringen sie ihn zur Strecke. Der Mörder hat das Mädchen im Bus aus Rache an dem Richter erstochen, der ihn einst verurteilt hatte.

Jörg Flieger und Marko Kobatz sind fasziniert von dem Film. Doch nicht Polizeileutnant Mike Stone nehmen sie sich zum Vorbild, sondern Lenny Cord, den Mörder mit der Mundharmonika.

Flieger und Kobatz überlegen, ob man einen Mord begehen kann, ohne dafür zur Verantwortung gezogen zu werden. Sie sind sich sicher: »Ja, man kann es. Wir können es. Wir können den perfekten Mord begehen.« Was zunächst ein Hirngespinst ist, beginnt sich bei den Zehnklässlern in ihren letzten Schulferien vor dem Beginn ihrer Lehre in Betrieben der Stadt Brandenburg in der idealisierten Realität festzusetzen. »Wir können ein Mädchen töten und danach alle Spuren verwischen, so dass uns niemand fasst«, schlägt Flieger vor. Einmal den Stein losgetreten, kommt er ins Rollen, und löst eine Lawine aus, als Kobatz die Idee weiterentwickelt. »Ich will das Mädchen aber vorher vergewaltigen. Kondome habe ich schon. Habe mir welche im Klo einer Gaststätte aus dem Automaten geholt. Durch Sperma kann man nämlich Täter überführen«, gibt sich Marko klug. Ihre Gedanken nehmen immer grausamere Züge an. Nach der Vergewaltigung wollen sie ihr Opfer mit Stichen in die Brust und in das Geschlechtsteil quälen und es erst dann erstechen.

Ihr mörderisches Vorhaben wollen sie in Plaue, einem Stadtteil von Brandenburg, verwirklichen. Sie wollen dort ins Kino gehen, den Saal während des Films verlassen, ein Mädchen vergewaltigen, es töten und dann in den Kinosaal zurückkehren. Sie bereiten sich akribisch vor. In einen Plastikbeutel stecken sie zwei dunkle Strumpfmasken, ein blaues Pionierhalstuch zum Knebeln und Stricke zum Fesseln des Opfers, die Kondome, zwei Messer und zwei bemalte Hemden mit den schwarzen Köpfen als Bildnis des Geheimbundes »Sybilla« darauf. Die Leiche soll später im Wasser versenkt werden und für immer verschwunden bleiben.

Am 28. August, vor dem Besuch des Kinos in Plaue, verstecken sie den Plastikbeutel mit den Mordutensilien in einem Gebüsch im nahe gelegenen Park. Dann schauen sie sich den sowjetischen Film *Die letzte Reliquie* an. Wie zuvor verabredet, verlässt Flieger gleich nach Beginn des Hauptfilms den Saal. Wenig später folgt ihm Kobatz. Auf der Toilette rät Flieger jedoch von der Verwirklichung des Planes ab. »Der Kassierer passt auf. An dem kommen wir nicht unbemerkt vorbei und schon gar nicht wieder herein«, klärt er seinen Freund auf. Das Vorhaben ist gescheitert. Die Freunde schlendern nach Ende des Kinofilms durch den inzwischen dunklen Park und holen aus dem Gebüsch den dort deponierten Beutel, den Kobatz in einer Reisetasche der Eltern im Schuppen des elterlichen Grundstücks versteckt. Die Freunde trennen sich ohne neue Absprachen.

Haben sie ihre mörderische Traumwelt verlassen?

Drei Tage später, am Sonnabend, dem 31. August 1974. Jörg Flieger taucht, wie sonst auch immer, bei seinem Freund Marko auf. »Wollen wir es heute machen?«, fragt er. »Wir können zur Werderschen Badestelle am Wusterwitzer See fahren. Dort gibt es ein Maisfeld, wo wir einem Mädchen auflauern können«, schlägt er vor. »Ich bringe noch einen Spaten mit.«

Marko ist sofort bereit. Sie verabreden sich für die Zeit nach dem Mittagessen. Gegen 14.15 Uhr sind sie in Seenähe. Ihre Fahrräder verstecken sie im Kiefernwäldchen, so dass sie vom Weg aus nicht zu sehen sind. Dann beziehen sie Stellung, Kobatz in der ausgehobenen Grube im Maisfeld und Flieger in einer Baumkrone des Wäldchens. Sie hoffen, dass wie immer Mädchen hier vorbeikommen.

Der Wusterwitzer See ist ein Anziehungspunkt für Wassersportler, Badelustige und Naturfreunde. Am Wusterwitzer Seeufer hat Familie Drescher nach ein paar Tagen Urlaub an einem See bei Hohenferchesar wieder, wie schon zu Beginn der Urlaubssaison, mit ihrem Wohnboot angelegt. Die 16 Jahre alte Tochter Sonja hat ihre 15 Jahre alte Freundin Britta Zart an ihrer Seite. Die Familien wohnen in Burg bei Magdeburg, und die Mädchen verbringen hier gemeinsam den letzten Ferientag vor dem neuen Schuljahr, das in der DDR stets am 1. September beginnt.

Sonja und Britta, die ein Zelt am See aufgeschlagen haben, wird es langweilig. Sie entschließen sich zu einem Spaziergang. Beide haben nur ihre Bikinis an. Hübsch sehen sie darin aus. So ein Bummel ist zwar nicht gerade aufregender als das Dösen in der Sonne, doch was soll man an diesem ruhigen Nachmittag sonst unternehmen. Vom See kommend drückt unterwegs die Blase. Die Mädchen schlagen sich in das Meer des grünen Maisfeldes. Die jungen Männer sehen sie nicht. Nach Verrichtung der Notdurft schlagen die Teenager den Rückweg zum Boot am See ein.

Britta geht voraus, Sonja folgt in einem Abstand von höchstens zwei Metern.

Jörg Flieger und Marko Kobatz sind nur für einen kurzen Moment unentschlossen, als sie, anders als vorher zurechtgelegt, zwei Mädchen vor sich gewahren. Aufhalten lassen sie sich davon nicht. Sie beschließen, dass Jörg eines der Mädchen sofort tötet und Marko das zweite ins Maisfeld zur Grube schleppt und es dort festhält. Dort soll es vergewaltigt, gequält und ebenfalls ermordet werden. Die Leichen sollen in der Grube verscharrt werden. Dann wäre der Geheimbund »Sybilla« besiegelt.

Die beiden Jugendlichen ziehen sich die Strumpfmasken über die Gesichter und stürzen sich auf Kommando von Flieger auf die Mädchen. Jörg Flieger hat sein Fahrtenmesser, das er schon zuvor aus der Reisetasche geholt hat, in der Hand. Mit ein paar kurzen Sprüngen ist er bei Sonja Drescher und sticht sofort zu, insgesamt 14 Mal, mit aller Kraft und auch noch, als Sonja schon am Boden liegt. Er trifft sein Opfer am Hinterkopf, im Nacken, an der linken Halsseite sowie mehrmals vorn in der linken Brustseite und im Rücken. Sonja kann sich noch einmal aufrappeln und ein paar Schritte hin zu ihrer Freundin laufen. Dann bricht sie endgültig zusammen.

Britta Zart hört den entsetzten Schrei von Sonja, dreht sich um und sieht einen Mann auf sie zukommen. »Der Mann hatte einen Strumpf über den Kopf bis zu den Schultern gezogen«, sagt sie später bei der Polizei aus. »Der Strumpf war dunkelbraun. Er war aber nicht aus Perlon, sondern aus festem Gewebe. Ich konnte, weil das Material so stark war, vom Gesicht und von den Haaren nichts erkennen. Als ich den Mann erblickt habe, bin ich gleich weggerannt.«

Weit schafft sie es nicht, höchstens drei bis vier Meter. Dann wird sie von hinten gepackt und zu Boden geworfen. Sie landet schmerzhaft auf dem Rücken. Ihr Verfolger, es ist Marko Kobatz, wirft sich sofort auf sie und drückt sie an den Oberarmen fest auf den Boden. Das Opfer wehrt sich mit aller Kraft. Verzweifelt schreit Britta um Hilfe und beißt zu, als ihr der Angreifer zwei Finger in den Mund schiebt, um sie zum Schweigen zu bringen. Der brüllt vor Schmerz und ruft Flieger zur Hilfe: »Ick schaff det nich. Komm her!«

Durch die Hilferufe der Mädchen wird ein Mann aufmerksam, der mit seinem siebenjährigen Sohn am Waldrand entlang spaziert und nach Pilzen Ausschau hält. Er schreit die beiden Täter an, die sofort in der Tiefe des Maisfeldes verschwinden, und schickt seinen Jungen zu einem nahe liegenden Wochenendgrundstück, um Hilfe zu holen. Von Britta Zart erfährt er, dass zwei Männer sie überfallen haben. Der Zeuge schickt Britta seinem Sohn hinterher, der inzwischen die Anwohner alarmiert hat, und leistet Sonja Drescher erste Hilfe bis zum Eintreffen des Arztes und der Polizei. Sonja Drescher wird in das Bezirkskrankenhaus nach Brandenburg an der Havel gebracht.

In der Notaufnahme des Krankenhauses können die Ärzte die lebensgefährlich verletzte Patientin zunächst stabilisieren. Im Beisein der Ärzte wird Sonja Drescher behutsam befragt. Sie kann noch einige Angaben zu den Personen machen, die sie überfallen haben: zwei Jungen, 16 bis 17 Jahre alt, etwa 170 Zentimeter groß, lange, wellige Haare, lange Hosen, Masken.

Die Stimme des Mädchens wird immer schwächer. »In welcher Richtung flohen die Täter?« Die letzte Frage des Kriminalisten kann sie nicht mehr beantworten. »Bitte fragen Sie nicht weiter«, haucht sie. »Fragen Sie mich später wieder.« Im Protokoll der Befragung von Sonja hält der Polizist fest: »Die Geschädigte sprach sehr leise und undeutlich. Das Sprechen fiel ihr offensichtlich schwer und verursachte vermutlich Schmerzen.«

Die Ärzte im Krankenhaus kämpfen aufopferungsvoll um das Leben von Sonja Drescher. Als das Herz plötzlich erschlafft, versuchen sie, es mit Herzdruckmassagen wieder zum Schlagen zu bringen. Aus den Wunden in der Brust dringt Blut. Knapp zwei Stunden nach der Einlieferung ins Krankenhaus, am 31. August 1974 um 19.10 Uhr, 18 Tage nach ihrem 16. Geburtstag, stirbt Sonja Drescher. Die Stiche in die Lunge und die Lungenschlagader waren tödlich. Ärztliche Kunst konnte ihr das Leben nicht retten.

Nach dem plötzlichen Auftauchen des Mannes mit seinem Sohn sowie weiterer Siedler vom Wusterwitzer See ergreifen die »Geheimbündler« die Flucht. Im Maisfeld verlieren sie sich aus den Augen. Marko Kobatz sucht noch nach der Reisetasche mit den Mordutensilien, die er aber nicht findet. Er hastet zu den im Wald versteckten Fahrrädern, schnappt sich sein Rad, fährt nach Wusterwitz und von dort aus auf der Straße, die am See entlangführt, nach Hause. Um 16.40 Uhr trifft er daheim ein, verbrennt im Garten seine Strumpfmaske und verschwindet in seinem Zimmer.

Nach der Messerattacke auf Sonja Drescher bemerkt Jörg Flieger aus den Augenwinkeln heraus einen Mann am Rande des Maisfeldes, der schreiend auf den Tatort zuläuft. In der Grube im Maisfeld reißt er sich die Strumpfmaske vom Gesicht, stopft sie in die dort liegende Reisetasche und hastet, mit der Tasche in der Hand, Richtung Badesee davon.

Inzwischen alarmierte Seeanwohner nehmen seine Verfolgung auf. Flieger rennt quer über eine Wiese Richtung Kanal, der den Wusterwitzer See mit dem Wendsee verbindet. Beim Durchschwimmen des Kanals verliert er die Reisetasche und seine Schuhe. Suchtrupps der Polizei bergen später die Tasche samt Inhalt aus dem Kanal.

Flieger kann seinen Verfolgern entkommen. Barfuß kommt er zu Hause an. Die Eltern, die nach Brandenburg gefahren sind, sind noch nicht wieder daheim. Er reißt sich seine Sachen vom Leib und kleidet sich neu ein. An der Cordhose, die er bei der Tat getragen hat, bemerkt er Blut, das er mit kaltem Wasser auszuwaschen versucht. Dann macht sich Flieger erneut Richtung See auf den Weg. Das Fahrrad im Wald ist noch nicht gefunden worden. Er schnappt es sich unbemerkt, fährt damit nach Hause und stellt es im Keller ab.

Dann geht er zu Kumpel Marko. Gegenseitig unterrichten sie sich über das Geschehen am Tatort und verabreden sich für den nächsten Tag.

Am Sonntag, auf dem Rückweg vom Kirchgang, hört Marko Kobatz den Lautsprecherwagen, der durch die Straßen von Brandenburg kurvt. Die Polizei informiert die Bevölkerung über das Verbrechen am Wusterwitzer See und bittet um Mithilfe bei der Fahndung nach zwei Jungen im Alter zwischen 16 und 17 Jahren als mutmaßlichen Tätern mit der Beschreibung, die Sonja Drescher noch kurz vor ihrem Tod gemacht hat. Auch die Tasche mit dem darin gefundenem Inhalt sowie die Schuhe von Flieger, die dieser verloren hatte, werden beschrieben.

Wie vereinbart, beraten die Täter über ihr weiteres Vorgehen. Sie hoffen, trotz der misslungenen Geheimbund-Gründung ungeschoren davonzukommen. Am Montag wollen sie sich im Kaufhaus all jene Sachen besorgen, die sie bei der überstürzten Flucht verloren, um so im Falle einer Vernehmung die Polizei hinters Licht führen zu können. Darüber hinaus bereiten sie sich auf eine Flucht in die BRD vor, falls der geplante Einkauf an einem begrenzten Warenangebot scheitern sollte. In dem Fall wollen sie den nächsten Zug nach Dresden nehmen und im Stromtal der Elbe die Grenze zur ČSSR überschreiten. Das Risiko, bei einem offiziellen Grenzübertritt geschnappt zu werden, wollen sie nicht eingehen. Sie hoffen, dass die 13 Westmark, über die Flieger verfügt, im Nachbarland für den Kauf von zwei Fahrkarten bis zu einem Grenzbahnhof in die Nähe von Österreich ausreichen. Über Österreich wollen sie dann nach Bayern flüchten.

Nichts von dem gelingt. Am Tag ihres Lehrbeginns in ortsansässigen Betrieben werden Jörg Flieger und Marko Kobatz verhaftet.

Schon in den ersten Vernehmungen unmittelbar nach den Festnahmen gestehen sie die Verbrechen. Ihre getrennten Aussagen vor den Vernehmern der Morduntersuchungskommission der Potsdamer Polizei-Bezirksbehörde stimmen in den wesentlichsten Details überein. Bei der psychiatrischen Untersuchung zur Feststellung ihrer Schuldfähigkeit in der Medizinischen Akademie »Carl Gustav Carus« Dresden schränken die jungen Männer ihre Aussagen jedoch erheblich ein, und das in einer bemerkenswerten Deckungsgleichheit. Beide bestreiten fortan, einen Mord geplant zu haben, räumen lediglich die Absicht der Vergewaltigung eines Mädchens ein. Er habe bei der Kripo den Mord nur zugegeben, weil er ein Todesurteil haben wollte, begründet zum Beispiel Flieger gegenüber dem Gutachter die Kehrtwendung. Ähnlich äußert sich auch Kobatz.

Die Wahrheit ist indessen eine andere und basiert auf einer Panne beim Transport der Tatverdächtigen aus der Untersuchungshaftanstalt nach Dresden zur psychiatrischen Begutachtung. Eine kurze Zeit hatte man Flieger und Kobatz vor der Abfahrt in einer Wartezelle allein gelassen, die sie für die Absprachen nutzten. Durch einen abgefangenen Kassiber, den Flieger in der Dresdner Klinik seinem Komplizen zuleiten wollte, flogen diese jedoch auf.

Knapp ein Jahr nach der Tat verhandelt der 1. Strafsenat des Bezirksgerichtes Potsdam die Anklage der Staatsanwaltschaft Potsdam gegen Jörg Flieger und Marko Kobatz wegen gemeinschaftlich begangenen Mordes und versuchter Vergewaltigung. Es verurteilt Flieger wegen Mordes sowie wegen mehrfach und gemeinschaftlich begangener Vorbereitung zum Mord zu einer lebenslänglichen Freiheitsstrafe. Gegen Kobatz wird wegen mehrfach und gemeinschaftlich begangener Vorbereitung zum Mord, teilweise in Tateinheit mit versuchter Vergewaltigung eine Freiheitsstrafe von 15 Jahren ausgesprochen. »Zusammenfassend ist festzustellen, daß die Angeklagten ihre Verbrechen mit äußerster Zielstrebigkeit und Brutalität begingen, ihre Opfer hinterhältig angriffen und daß auch die Tatmotivation Ausdruck ihrer Menschenverachtung ist«, heißt es in der Urteilsbegründung.

Das Gericht verweist im Urteil darauf, dass die Prüfung des Ausspruchs der Todesstrafe gegen Flieger, die es in der DDR bekanntlich 1974 noch gab, nur deshalb unterblieb, weil gemäß Paragraf 78 des Strafgesetzbuches der DDR die Todesstrafe gegen Jugendliche verboten war.

Nach dem Jugendstrafrecht der BRD wäre nur eine Verurteilung zu höchstens zehn Jahren möglich gewesen.

Marko Kobatz wird im September 1984, Jörg Flieger im Dezember 1987 auf Bewährung entlassen. Beide nutzen diese Chance.

Das Verbrechen forderte noch ein weiteres Opfer. Wie in der gerichtlichen Hauptverhandlung bekannt wurde, nahm sich der Vater von Jörg Flieger nach dem Besuch seines Sohnes in der Untersuchungshaft das Leben.

Mord in Sachsenhausen

Schaut man in Lexika nach, findet man den Ort Sachsenhausen vielfach in Deutschland und sogar in Rumänien als Ortsteil von Städten. Das Sachsenhausen als Teil der Stadt Oranienburg im Land Brandenburg ist das bekannteste, berüchtigt geworden durch das von den Nationalsozialisten ab 1936 betriebene gleichnamige Konzentrationslager. Bis zu 200 000 Häftlinge waren dort unter menschenunwürdigen Bedingungen inhaftiert. Zehntausende von ihnen wurden ermordet. Eine Gedenkstätte erinnert heute an diese Gräueltaten der Hitlerdiktatur und auch an das Unrecht, das danach im sowjetischen Speziallager Nr. 7 in den Jahren 1945 bis 1950 begangen wurde.

An Maren Luthe erinnert lediglich eine kleine Anzeige in der *Märkischen Volksstimme*, der SED-Bezirkszeitung für den Bezirk Potsdam, vom 1. Juli 1987. In der Todesannonce ist davon die Rede, dass Maren Luthe, »die liebe Tochter, über alles geliebte Enkelin, gute Schwester und Nichte im blühenden Alter von 18 Jahren auf tragische Weise ums Leben« kam. Auf »tragische Weise« durch einen Mord.

In der Nacht vom 25. zum 26. Juni 1987 ist Maren Luthe auf dem Heimweg. In Begleitung der hübschen, dunkelhäutigen Frau mit dem schwarzen Wuschelkopf ist ein Mann, der ihr das Fahrrad schiebt. Mit der rechten Hand hält er den Lenker des roten Damenrades, der linke Arm liegt auf der Schulter der jungen

Frau, die ihrerseits einen Arm um die Hüfte des Begleiters gelegt hat. Sie schmiegen sich eng aneinander, bleiben immer mal wieder stehen und küssen sich. Am Ortsausgang von Sachsenhausen biegt das offensichtlich verliebte Pärchen von der Fernverkehrsstraße 96 rechts in den Freienhagener Weg Richtung Fichtengrund ein. 150 Meter weiter lädt ein Sandhaufen, der mit Gras und etwas Heu bedeckt ist, zum Kuscheln in einer lauen Nacht ein. Wieder küssen sie sich, ihre Zungen finden zueinander. Der Mann streichelt mit der linken Hand die Innenseite eines Schenkels der Frau. Er ist sexuell erregt. Samen ergießt sich in seine Hose.

Die Stelle ist den Verliebten nicht kuschelig genug. Vom nahe gelegenen Feuerwachturm leuchtet eine Lampe, die viel zu helles Licht von sich gibt. Die jungen Leute gehen tiefer hinein in das Waldstück und legen sich auf den sommerlich warmen Waldboden. Maren Luthe liegt auf dem Rücken, ihre Beine sind gespreizt. Der Mann an ihrer Seite kniet sich zwischen die Beine, fummelt am Knopf von Marens Jeans und versucht, den Reißverschluss zu öffnen. Seine Hand schiebt sich unter den Pulli der Begleiterin. Er begehrt sie, und er fühlt sein Begehren unterhalb der Hüfte. Was er hört, zügelt ihn nicht. »Nicht«, sagt Maren Luthe laut und deutlich und hält mit beiden Händen ihre Hose fest. Er hält es für mädchenhaftes Geziere. Sein Verlangen kann es nicht bremsen.

Am Sonnabend, dem 27. Juni sind Annegret und Martin Kämann mit dem Auto auf Urlaubsfahrt nach

Neubrandenburg. An der F 96 am Ortsausgang Sachsenhausen machen sie auf dem Rastplatz am Feuerwachturm halt. Annegret Kämann packt die Tasche mit dem Reiseproviant auf dem rustikalen Tisch aus. Die Stullen sind mit Leberkäse sowie mit Hackepeter belegt. Zum Schnurpsen ist Kohlrabi geschält und in Scheiben geschnitten. Dazu gibt es Kaffee aus der Thermoskanne. Danach drückt Martin Kämann die Blase. Er geht zum Pinkeln ein paar Meter weg vom Rastplatz in den Wald hinein. Beim Rundblick durch den Mischwald mit den hochstämmigen Bäumen entdeckt er einige Meter voraus etwas, das wie ein Mensch aussieht. Beim näheren Hinsehen erkennt er die Leiche einer Frau. Sie liegt, unweit des Weges am Rande eines Maschendrahtzaunes, auf dem Rücken. Die Arme sind beiderseits des Kopfes ausgestreckt, so als wäre sie dorthin geschleppt worden. Die Beine sind gespreizt und in den Knien leicht angewinkelt. Die Leiche ist fast völlig nackt, nur weiße Söckchen hat sie an den Füßen.

Die Tote muss schon vor Tagen oder zumindest vor mehreren Stunden an dieser Stelle abgelegt worden sein. Die Kriminaltechniker der MUK Potsdam sowie der Gerichtsmediziner aus der Charité Berlin stellen später bei der Tatortbesichtigung fest, dass in beiden Augenspalten, in den Mund- und Nasenöffnungen sowie im Bereich des Scheideneingangs Fliegen massenhaft Eier abgelegt haben. Der Gerichtsmediziner bemerkt Würgemale am Hals.

Die Suche nach der Bekleidung der Getöteten ist

schnell beendet. Hundert Meter entfernt vom Fundort der Leiche findet die Polizei einen grauen Damenslip, ein weißes, ärmelloses Trägerhemd, eine hellblaue, kurzärmlige Damenbluse, einen blauen Pullover, eine Damenjeans der Marke »Goldfuchs« sowie eine Jeansjacke von »Levi Strauss«. Die hellen Sachen liegen unten, die dunklere Bekleidung ist darübergelegt. Ein BH wird nicht gefunden. Auch nicht der Personalausweis der Toten oder sonstige Anhaltspunkte zur Identität des Opfers.

Kommissar Zufall hilft, und sehr schnell ist sicher, dass es sich bei der Toten um die 18 Jahre alte Maren Luthe aus Oranienburg handelt. Ein Kriminalist der Polizei in Oranienburg, der zur Verstärkung der MUK Potsdam zum Dienst befohlen wurde, glaubt anhand der Personenbeschreibung, dass es sich um die Tochter seiner Cousine handeln könnte. Das Fahrzeug des Bestattungsunternehmens, das die Leiche zur Gerichtsmedizin nach Berlin transportieren soll, wird kurzfristig zum VPKA Oranienburg umgeleitet, wo der Behördenangestellte die Tote eindeutig als seine Verwandte Maren Luthe erkennt.

Tobias Köpfer ist 21 Jahre alt und viel unterwegs. Der Facharbeiter für Eisenbahntransporttechnik ist, um es einfacher auszudrücken, Zugführer, stationiert auf dem Bahnhof Oranienburg der Deutschen Reichsbahn. Im sozialistischen Wettbewerb ist er mehrmals als »bester Zugführer« ausgezeichnet worden. Mit Überstunden kommt er schon mal auf 1.100 Mark, ein Lohn, der in der DDR für Arbeiter nicht gerade am unteren Limit angesiedelt ist. Daheim bei der Mutter gibt er davon 150 Mark Kostgeld ab. Nach der Scheidung der Eltern vor acht Jahren lebt er mit drei Geschwistern bei ihr, und er steckt ihr den einen oder anderen Hunderter zusätzlich zu, wenn das Wirtschaftsgeld wieder einmal zu schnell aufgebraucht ist, weil der Alkoholkonsum der Mama, die als Schrankenwärterin ebenfalls bei der Bahn arbeitet, zu viel davon geschluckt hat.

Tobias ist ein junger Mann, der gern zu Hause ist, der Blumen liebt, im Garten Gemüse anbaut und sich aus alten Sachen selbst schicke Klamotten schneidert. Ein Stubenhocker ist er dennoch nicht. Zweimal in der Woche zur Disko zu gehen, ist für ihn nicht unbedingt viel. Und wenn er gut drauf ist, reichlich trinkt und spendabel ist, wandern dabei schon mal einige Scheine großzügig aus seinem Portemonnaie in die Geldtaschen der Barkeeper und Kellner. Köpfer sieht gut aus, mag sogar ein Frauenschwarm sein, ein Frauenheld ist er nicht. Seine Kontakte zu Frauen halten sich in Grenzen, der Geschlechtsverkehr mit ihnen lässt sich an den Fingern einer Hand abzählen. Und zwei hat er dabei sogar noch als Zählreserve.

Dem anderen Geschlecht gegenüber ist er gehemmt. In der Disko braucht er immer ein paar alkoholische »Mutmacher«, um sich auf die Tanzfläche zu wagen. Das Rennen um Mädchen machen immer andere. Einmal, 18 Jahre war er damals, wollte er auch mal der Gewinner sein. Nach zwei, drei Tänzen mit einer »Traumfrau« begehrte er, sie zu besitzen. Doch statt sie anzusprechen, wollte er sie sich einfach nehmen. Das Mädchen wehrte sich, er würgte es, und dass er am Ende wegen versuchter Vergewaltigung mit einer Bewährungsstrafe davonkam, war eine milde Strafe seitens der Richter. Tobias schwirrten schon damals komische Gedanken durch den Kopf, wenn er sich wieder einmal einen Korb eingehandelt hatte, aber davon wusste keiner. Sadistische Vorstellungen, wie er Frauen quält, mischten sich in seine Träume, doch morgens waren sie verschwunden, ohne den Wunsch zu hinterlassen, diese Fantasiegebilde auszuleben.

Am 25. Juni neigt sich der Sommerurlaub von Tobias Köpfer dem Ende. In drei Tagen muss er wieder in den Führerstand seiner Lok.

Den Urlaubsausklang will er noch einmal richtig genießen. Nach zwei Weißbrotstullen und einer Tasse Kaffee geht es von Sachsenhausen aus, wo Köpfer wohnt, mit dem Stadtverkehr rein nach Oranienburg. Bekleidet ist er jugendgemäß: blauer Nietenanzug, Hose Marke »Wrangler« und Jacke von »Levi's«, weiße Socken und »Jesuslatschen«. Der SED-Slogan »In jeder Nietenhose eine Niete« hatte noch nie gefruchtet, und längst hatten die Jeans auch die DDR-Jugend erobert.

Die 60 Mark in seinem Portemonnaie stockt er durch 70 Mark von seinem Konto bei der Sparkasse zu 130 Mark auf. »Damit sollte ich über die Runden kommen«, nimmt er sich vor. Gerade hatte er Mutti wieder einmal 500 Mark zugesteckt, die ein spürbares Loch in seinem Bargeldbestand hinterlassen hatten. Im *Stadt-*

café, der ersten Station seines geplanten »Kneipenbummels«, bezahlt er für Schnitzel mit Salat und eine Selters plus Trinkgeld vier Mark. In der *Milchbar* animiert ihn eine flüchtige Bekannte zu einer größeren Ausgabe. Sigrid, so heißt die Dame, bestellt einen üppigen Eisbecher, ein Kännchen Kaffee, ein Stück Torte und einen Gin Fizz. Er genehmigt sich ein Kännchen Kaffee, neun doppelte »Goldbrand«-Schnäpse und ein paar Juice. Als Sigrid mit einem angeblichen Verwandten aus der *Milchbar* »Tschüss« sagt und verschwindet, steht auf der Rechnung schon ein zweistelliger Betrag. Es folgen mit dem Biergarten des *Gesellschaftshauses* und der Gaststätte *Schlachteplatte* zwei weitere Stationen mit Getränken und Speisen. Station Nummer fünf, die Disko im Friedrich-Wolf-Haus in Lehnitz, wird mit der S-Bahn vom Bahnhof Oranienburg aus erreicht. Mittlerweile sind »Kumpels vom Sehen« in seinem Schlepptau. Der Eintrittspreis von 2,10 Mark für die Disko ist die geringste Ausgabe. Eine Trommel Bier mit 20 Glas Hopfengetränk kostet mit 20 Mark schon bedeutend mehr. Schnäpse und Biere haben bei Tobias Köpfer inzwischen auch die Tanz-Bremsen gelöst. Er fühlt sich leicht angetrunken und schwer lustig. Weil die Disko in Lehnitz schon um 22 Uhr zu Ende ist, in Sachsenhausen aber eine Bekannte Polterabend feiert, geht es per Wolga-Taxi mit zwei Freunden für 3,10 Mark dorthin. Sein Geldvorrat von 130 Mark ist inzwischen auf 15 Mark zusammengeschrumpft.

Egal, beim Polterabend sind Speisen und Getränke kostenlos.

Etwas abseits stehend, entdeckt Tobias die dunkelhäutige Schönheit Maren Luthe, das Kind eines afrikanischen Vaters, den sie nie kennengelernt hatte. Auch zur Mutter hat sie kaum Kontakt. Sie wird von den Großeltern aufgezogen, Oma und Opa sind ihre Eltern. Flüchtig kennen sich Maren und Tobias. Die junge Frau fährt regelmäßig nach Hennigsdorf zur Arbeit, und auf dem Bahnhof in Oranienburg haben sich die beiden hin und wieder gesehen und das eine oder andere Wort gewechselt. Deshalb scheut sich Tobias nicht, sie anzusprechen, zumal der Alkohol Schranken bei ihm abgebaut hat.

Maren ist nach dem kräftezehrenden Polterabend müde und möchte nach Hause. Tobias bietet seine Begleitung an. Schmusend und küssend machen sie sich auf den Weg, biegen von der F 96 in den Freienhagener Weg ein, nutzen den Waldboden zum Ausruhen, und Tobias hofft zwischen ihren gespreizten Beinen liegend auf Geschlechtsverkehr, den er so selten hat. Dann hört er das »Nein« und nimmt zur Kenntnis, dass Maren ihre Hose festhält, nachdrücklich weitere Intimitäten ablehnt und nach Hause möchte.

Diese deutliche Verweigerung macht den Mann wütend, zumal die junge Frau immer lauter protestiert. »Hör endlich auf und verschwinde«, herrscht sie ihn an und öffnet und schließt ihre Beine, um ihn zum Aufstehen zu bewegen. Statt nachzugeben, setzt er sich wie ein Ringer auf den Bauch des Opfers und ignoriert die heftigen Abwehrbewegungen.

Als Köpfer von der Fernverkehrsstraße her Stimmen hört – wahrscheinlich haben weitere Gäste des Polterabends den Heimweg angetreten –, umfasst er das unter ihm liegende Opfer mit beiden Händen am Hals und drückt zu, um es zum Schweigen zu bringen. Er befürchtet bei einer Entdeckung, dass man ihm eine Vergewaltigung anlasten würde. Sexuell-sadistische Gedanken, wie er sie schon öfter im Traum hatte, drängen ihn, seine beiden Daumen noch fester unterhalb des Kehlkopfes auf den Hals der Frau zu pressen. Minutenlang drückt er ihr die Luft ab. Dann erschlafft das Opfer nach einem letzten Röcheln. Maren Luthe ist tot.

Tobias Köpfer verharrt, die Hände neben dem Kopf abgestützt, eine geraume Zeit über der Toten. Er erinnert sich an Erzählungen seiner Mutter. Demnach soll im Kreis Oranienburg ein Sexualtäter sein Unwesen treiben. Ihm will er den Mord anlasten, eine Vergewaltigung inszenieren. Er entkleidet die Frau und versucht, den Geschlechtsverkehr durchzuführen. Sein Glied wird nicht steif, ein Eindringen in die Scheide und ein Samenerguss sind unmöglich. Er gibt auf, ergreift die Beine des Opfers und schleift es über den Waldboden bis an den Rand des Zaunes. Die Bekleidung schichtet er in größerer Entfernung unter einen Baum. Den Personalausweis des Opfers, der aus der Tasche gefallen ist, wirft er achtlos in ein Gebüsch. Die Schuhe der Toten sowie ihre Quarz-Armbanduhr nimmt er an sich. Er will sie entsorgen, um Fingerabdrücke zu verwischen.

Die Stimmen auf der Fernverkehrsstraße sind längst

verstummt. Er kehrt auf dem zuvor mit Maren genommenen Weg zurück, schnappt sich das Fahrrad und fährt von dannen. Vom Freienhagener Weg biegt er auf die F 96 ein, fährt links die Wilhelm-Pieck-Straße entlang und dann rechts in die Parkstraße Richtung Havel. Am Fluss wirft er erst die Schuhe in die an dieser Stelle starke Strömung und entsorgt das Fahrrad auf gleiche Weise. Die Armbanduhr in seiner Jeansjacke vergisst er.

Auf dem Weg nach Hause holt der Durst Tobias Köpfer ein. Er läuft an seinem Wohnhaus vorbei hinüber zur Polterabend-Gesellschaft. Das Bier will aber nicht mehr schmecken. Er geht nach Hause und legt sich ins Bett. Dass er gerade einen Menschen getötet hat, lässt ihn nicht ruhen.

Kein Wunder, dass Köpfer unausgeschlafen und mürrisch ist, als er am Sonntag, es ist der 28. Juni 1987, nach dem Ende des Urlaubs seinen Dienst auf dem Bahnhof in Oranienburg antritt. Die Schicht ordnungsgemäß beenden kann er nicht. Am frühen Abend wird er im Umkleide- und Dienstraum des Zugpersonals verhaftet. Mehrere Gäste des Polterabends beobachteten, wie Maren und Tobias, eng umschlungen, über die Fernverkehrsstraße den Heimweg antraten. Die Uhr von Maren Luthe findet die Polizei in der Kartentasche im Garderobenschrank von Köpfer auf dem Bahnhof.

Unmittelbar nach der Verhaftung gesteht Köpfer schon in der ersten Vernehmung, die sich mit Pausen über zehn Stunden erstreckt, in einer schriftlichen

Stellungnahme sowie in mündlichen Befragungen die Tat. Bei der Polizei wie auch später gegenüber dem psychiatrischen Sachverständigen sagt er aus, dass er sein Opfer mehrere Minuten lang würgte, um es zu töten, nachdem er die Stimmen auf der Straße gehört hatte. Er wollte dadurch einer Entdeckung und dem Verdacht entgehen, ein Vergewaltiger zu sein.

In der Hauptverhandlung vor dem Bezirksgericht in Potsdam im Januar 1988 relativiert er diese Aussagen. Er will nur eine ganz kurze Zeit und mit wenig Kraftaufwand den Hals des Opfers zugedrückt haben. Die Absicht, Maren Luthe zu töten, bestreitet er energisch. Weite Teile seiner Angaben in den polizeilichen Vernehmungen werden deshalb im Prozess verlesen. Auch die viel später erfolgten Aussagen gegenüber dem Staatsanwalt sind ein Thema in der öffentlichen Verhandlung. Das Gericht gesteht dem Angeklagten zu, dass er in einer Affektsituation gehandelt habe. Die in zahlreichen Befragungen stets vom Angeklagten genannten Details der Tat würden jedoch nicht darauf hindeuten, dass er im Ermittlungsverfahren psychisch überfordert gewesen sei. Genau das aber nennt Köpfer vor den Richtern als Erklärung für den Widerruf wesentlicher Teile seines Geständnisses.

Neben der Affektsituation wertet das Gericht in Übereinstimmung mit den psychiatrischen Gutachtern der Charité den Alkoholgenuss als Hauptgrund für eine verminderte Schuldfähigkeit während der Tat. Eine außergewöhnliche Strafmilderung lehnen die Richter jedoch ab. Der Angeklagte habe die Auswirkungen übermäßigen Alkoholgenusses gekannt und diesen selbst verschuldet.

Das Potsdamer Bezirksgericht verurteilt Tobias Köpfer wegen Mordes zu einer Freiheitsstrafe von 15 Jahren. Es ist die nach dem Gesetz in der DDR höchstmögliche zeitlich begrenzte Strafe für einen Mord.

Im Januar 1995 öffnen sich für Tobias Köpfer die Gefängnistore. Er wird auf Bewährung entlassen und nicht wieder straffällig.

Der große Unbekannte

Alfons Frei schreckt aus dem Schlaf. An seine Wohnungstür wird wie wild gehämmert. Er blickt verstört auf den Wecker auf dem Nachtisch. 5.29 Uhr leuchtet ihm auf dem Zifferblatt entgegen. Draußen ist es noch dunkel. Kein Wunder, denn der 21. Februar 1984 beginnt so trist wie die vergangenen Tage.

»Alfons, mach auf«, hört er schlaftrunken eine Stimme. »Mach endlich auf, es ist etwas passiert.« Nur langsam realisiert er, dass der Störenfried am frühen Morgen sein Nachbar Waldemar Emils ist. »Schon wieder«, flucht er innerlich vor sich hin. Waldemar Emils und seine Lebenspartnerin Linda Lebor sind Zeitgenossen, die man sich nicht unmittelbar Tür an Tür wünscht. Die Frau ist 47 Jahre alt, Emils zwei Jahre jünger. Beide haben ein gemeinsames Laster, den Alkohol. Drei Jahre ist es jetzt her, dass sie in das Mehrfamilienhaus in Werneuchen, einer Kleinstadt im Bezirk Frankfurt (Oder), eingezogen sind. Ärger hat es in dieser Zeit schon genug gegeben. Erst gestern wieder. Am Abend, so kurz nach neun Uhr, hat die Linda vor seiner Tür gestanden und auf ihren Kinnverband gedeutet. »Hier schau dir das mal an«, hatte sie zu Alfons gesagt und wehleidig auf ihre linke untere Gesichtshälfte gezeigt nach dem Motto: »Das war der Waldi.« War der aber nicht, denn den »Turban« hatte ihr ein Arzt schon ein paar Tage vorher zur Ausheilung eines Unterkiefernbruches angelegt. Linda war gestürzt. »Ja, ja, ist ja schon gut«, hatte er die aufgebrachte Frau beruhigt. »Geh wieder rüber und leg dich ins Bett. Hast genug für heute.« Der Alkoholpegel bei der Frau hatte schon wieder jenen bemerkenswerten Stand erreicht, der Gedanken, Sprache und Gang sichtbar beeinflusste. Für Nachbar Frei war das nichts Neues.

Nur widerwillig quält sich Alfons Frei aus seinem Bett, denn das Hämmern an der Tür hört nicht auf. »Alfons, verdammt, steh endlich auf. Ich habe die Linda erschlagen«, wimmert ununterbrochen Waldemar Emils.

»Spinnst du«, knurrt Alfons Frei den Störenfried an, als er schließlich die Tür öffnet, anzweifelnd, was er gerade gehört hat. »Ich habe die Linda erschlagen«, jammert Waldemar Emils. »Die liegt drüben zwischen den Betten. Ich habe an ihrem Herzen gefühlt. Die ist tot.«

Frei zieht sich seinen Trainingsanzug an und geht mit Emils hinüber in die Wohnung, die sich im Mittelgang des Reihenhauses befindet. Vom Hauseingang aus gelangt man in eine große Küche, von da aus in das Wohnzimmer und danach in die Schlafstube. Dort, zwischen dem auseinandergeschobenen Doppelbett, liegt eine Frau. Sie ist mit einem Federdeckbett bis zum Kopf zugedeckt. Es ist augenscheinlich, dass die Wohnungsinhaberin Linda Lebor tot ist. Der herbeigerufene Notarzt kann nur noch den Totenschein ausstellen. Als wahrscheinlichen Todeszeitpunkt notiert er ohne genauere Prüfung 23 Uhr. Als Todesursache kreuzt der Mediziner »nicht natürlicher Tod« an. Die Würgemale am Hals der Toten sind unübersehbar.

Es beginnt die Routine der MUK der bezirklichen Polizei in Frankfurt (Oder) und der Gerichtsmediziner der Charité Berlin. Die Gerichtsmediziner beschäftigen sich mit der Leiche, die Kriminaltechniker suchen nach verdächtigen Spuren an der Toten und in den Räumen der Wohnung. Sachlich nüchtern fällt die Beschreibung des Schlafzimmers aus, das vermutlich auch der Tatort ist.

»An der rechten Wand stehen rechts und links eine kleine Kommode, ein Sessel und ein Lehnstuhl. Links an der Wand ein niedriger Tisch mit verschmutzter Tischdecke, Zigarettenresten, Plätzchenresten, Gläsern, Schnapsflaschen und Flaschen von alkoholfreien Getränken. Weiter am Fenster eine Frisiertoilette. Vor der Frisiertoilette eine umgekippte Flasche mit Kunstblumen, rechts daneben ein Eimer zu 1/3 mit offenbar Urin gefüllt.«

Jedes Detail wird beschrieben und fotografisch festgehalten. So auch an der Toten selbst. »Die Leiche ist teilbekleidet: Am Oberkörper Pullover mit langem Arm, Unterrock, weiterer dünner Pullover, Unterhemd. Unterleib unbekleidet, deutlich kotverschmiert. Pullover, Unterrock und linker Oberschenkel sind mit Kot verschmutzt. Zwischen den Beinen liegen Textilien; Teil eines zerrissenen grünen Netzhemdes, karierte Bluse, zusammengelegtes Taschentuch, Schlüpfer (liegt auf dem linken Oberschenkel) und ein weiteres zusammengelegtes Tuch.«

Die Kriminaltechniker bemerken auf einem Bettlaken einen Blutfleck. Er scheint älteren Ursprungs zu sein. Er könnte mit der Tat zusammenhängen. Muss er aber nicht.

Waldemar Emils wird als Tatverdächtiger festgenommen. Er bestreitet zunächst, dass er etwas mit dem Tod seiner Lebensgefährtin zu tun hat. Dass er Nachbar Alfons Frei mit den Worten »Ich habe die Linda erschlagen« aus dem Bett holte, ist ihm offensichtlich entfallen. Vor der Vernehmung wird Waldemar Emils »kriminaltechnisch behandelt«, wie es im unschönen Amtsdeutsch heißt. Bevor ihm die Hände gewaschen und desinfiziert werden, entfernen Kriminaltechniker beim mutmaßlichen Täter den Schmutz unter den Fingernägeln und verpacken das Herausgekratzte in sterilen Röhrchen. Nach Beendigung dieser Prozedur darf er sich die Hände waschen, nur damit sie umgehend zur Abnahme der Fingerabdrücke wieder geschwärzt werden. Zu guter Letzt werden die Fingernägel geschnitten und das Entfernte wird ebenfalls gesichert.

Dass sich Emils bei der ersten Befragung an nichts erinnern kann, ist erklärbar. Obwohl er vor dem Weckruf bei Nachbar Frei nur »ein, zwei kleine Schluck« Schnaps zu sich genommen haben will, werden unmittelbar nach seiner Festnahme bei Tests um 8.45 Uhr 3,1 Promille Alkohol im Blut festgestellt und eine halbe Stunde später 2,9 Promille.

Waldemar Emils hat zum Zeitpunkt seiner Festnahme einen schweren Tag und eine kurze Nacht hinter sich. In den Vormittagsstunden des 20. Februar ist er auf Anweisung seiner Linda mit dem Fahrrad unterwegs. Im VEG Obstbau soll er für sie den Restlohn abholen. Es sind 150 Mark. Das ist nicht viel, doch es reicht zunächst. Auf dem »Mutti-Zettel«, den ihm Linda für den Einkauf mitgibt, sind Nudeln, Brot, Margarine, Zigaretten und eine Flasche Schnaps vermerkt. All das kauft er ein. Weil nun aber auch noch Selterswasser und Bier fehlen, muss er gleich noch einmal hinaus in die Februarkälte, um die Flüssignahrung zu besorgen. Am frühen Nachmittag neigt sich der Pegel in der zuvor gekauften Flasche Schnaps, Marke »Klarer Juwel«, beängstigend schnell der Nullmarke entgegen. Wieder wird das Stahlross gesattelt und Richtung Kaufhalle geritten. Diesmal landet eine Flasche »Kristall-Wodka« im Körbchen. Doch die Verweildauer der hochprozentigen Flüssigkeit ist auch in diesem »Pullchen« nur von kurzer Dauer. Inzwischen ist es abends halb sechs Uhr. Diesmal steuert Waldemar Emils mit seinem »Tretross«, das ihm schon nicht mehr richtig gehorchen will, die Gaststätte *Rudolfshöhe* an. Er genehmigt sich ein Bier, während der Wirt weitere »Nahrung« zusammenpackt: eine große Flasche »Goldbrand«, eine Flasche Wein und Zigaretten, womit insgesamt bereits gut die Hälfte des 150-Mark-Obstbau-Gehaltes von Freundin Linda aufgebraucht ist.

Als Emils von seinem letzten Einkauf an diesem Tag gegen 18 Uhr die Treppen zu seiner Wohnung hinaufsteigt, bemerkt er zwei Männer, die das Haus verlassen. Emils stutzt. Waren die etwa bei Linda? »Wäre ja nicht das erste Mal«, grummelt er vor sich hin. »Schickt mich raus in die Kälte und Finsternis und lädt sich Freier ein, diese Schlampe.« Im Schlafzimmer, wo sich das Paar im Winter meistens aufhält, weil es der wärmste Raum ist, kommt es zum Streit. Das wenige Wechselgeld, das »Waldi« auf den Tisch legt, erzürnt Linda. »Den Rest hast du wohl wieder bei deinen Huren gelassen«, wettert sie los. »Und du, was hast du getrieben? Sitzt im Schlüpfer rum und hast zerzauste Haare. Hast dich wohl mit den beiden Männern vergnügt, die gerade die Treppe runter sind«, faucht Emils zurück. Dann muss der Streit eskaliert sein.

Bis zum Tod von Linda Lebor.

Waldemar Emils wird nach seiner Verhaftung mehrfach von den Kriminalisten der MUK, dem Staatsanwalt und auch dem Haftrichter vernommen. Der Platz auf dem Stuhl des Beschuldigten ist ihm nicht neu. Vielfach in der Vergangenheit hat der gelernte Fleischer, der inzwischen nach Stippvisiten bei vielen Arbeitsstellen seit längerer Zeit beschäftigungslos ist, wegen unterschiedlicher Delikte schon unfreiwillig darauf sitzen müssen. Sechsmal ist er von Amtsrichtern zu Haftstrafen verurteilt worden.

Mit dieser Erfahrung im Umgang mit der Polizei ausgestattet, bestreitet er die Tat. Die Beschreibungen, die er den Vernehmern von den beiden Männern liefert, die er auf der Treppe bemerkt haben will, sind ziemlich detailliert, was Größe, Haarfarbe, Bekleidung, Statur oder Alter angeht. Angesichts der äußeren Umstände mit Schummerlicht im Treppenflur und der nur flüchtigen Begegnung sogar zu genau. Doch das trägt am Ende nichts zur Aufklärung des Verbrechens bei. Das sieht Emils scheinbar selbst ein, als er dem Vernehmer sagt: »Wenn ihr mir nicht glaubt, dass ich nicht der Täter bin, dann muss ich sie erschlagen haben. Es war ja sonst niemand da.«

Erschlagen? Die Gerichtsmediziner der Charité lassen an der Todesursache keinen Zweifel: Linda Lebor ist erwürgt worden. Kratzspuren am Hals weisen zudem auf einen entsprechenden Kampf hin. Weniger sicher sind sich die Pathologen bei der Festlegung des Todeszeitpunkts. »Als Todeszeit sind die frühen Morgenstunden des 21.02.1984 anzunehmen«, heißt es im Obduktionsgutachten.

Als der Kripo-Mann Emils erzählt, dass Linda Lebor erwürgt wurde, schüttelt der den Kopf, um dann zu dem Schluss zu kommen: »Dann muss ich sie ja erwürgt haben. Aber genau erinnern kann ich mich daran nicht.«

Diese Erinnerungslücken können eine Schutzbehauptung sein, müssen es jedoch nicht. Schließlich schränken drei geleerte große Flaschen Schnaps selbst bei trinkfesten Alkoholikern das Denkvermögen ein. So bleiben viele Aussagen lückenhaft und werden in der Möglichkeitsform geäußert. Nennt Emils Fakten, folgt am Ende stets die Einschränkung, »aber genau weiß ich das nicht«. Bei einer der Vernehmungen gibt er zu Protokoll: »Ich kann mich nur erinnern, dass irgendwas schon gewesen war, die Betten waren am Fußende etwas auseinander und Frau Lebor lag im Bett am Ofen. Irgendetwas war da schon gewesen, hatte ich sie da schon geschubst oder geschlagen oder hatte ich sie im Bett schon gewürgt, auf jeden Fall war schon etwas gewesen, aber ich weiß nicht, was. Dann hat sie etwas gesagt, aber ich weiß nicht sehr genau, was es war, nette Worte waren es nicht. Jedenfalls habe ich mich darüber geärgert, ich glaube, sie hat gesagt, bring mich doch um oder irgendwas in dieser Richtung. Ich weiß dann noch, dass ich zu ihr hin bin und die Betten auseinandergeschoben habe und sie dadurch zwischen die Betten auf die Erde fiel. Ich war irgendwie über irgendwas sehr wütend und habe sie vorn an den Hals gefasst und gewürgt …« Und dann wieder: »Ich glaube … Ich weiß es nicht … Ich war ja ganz schön betrunken …«

Im Sommer 1984 findet der Prozess gegen Waldemar Emils statt. Die Staatsanwaltschaft Frankfurt (Oder) hat ihn wegen Mordes im Zustand des Vollrausches angeklagt. Das Bezirksgericht Frankfurt (Oder) verurteilt Waldemar Emils deshalb zu einer Freiheitsstrafe von 15 Jahren. Der selbst herbeigeführte Vollrausch schützt ihn nicht vor Strafe. Trotz aller »Wenn und Aber«, »Möglichkeiten und Wahrscheinlichkeiten« oder Formulierungen wie »nicht mehr genau feststellbar« in der Urteilsbegründung hat das Gericht »keinen Zweifel an der Täterschaft des Angeklagten«.

Die Verteidigung legt beim Obersten Gericht der DDR Berufung gegen das Urteil ein. Sie möchte damit eine geringere Strafe erreichen. Anders als das Bezirksgericht äußert der 5. Strafsenat erhebliche Vorbehalte gegen das Urteil insgesamt. Mehrfach habe der Angeklagte sowohl gegenüber dem Nachbarn Alfons Frei als auch bei den Vernehmungen davon gesprochen, dass er das Opfer erschlagen habe. Erst als der Vernehmer ihm mitteilte, dass Linda Lebor erwürgt worden sei, habe er, so das Gericht, eingestanden: »Dann muss es ja so gewesen sein. Es war ja sonst niemand da.«

Das Bezirksgericht habe es unterlassen, »wichtige Beweismittel und Spuren auf ihren Zusammenhang mit dem Tatgeschehen zu überprüfen«, oder diese sogar »völlig außer Betracht gelassen«. So seien von den Gerichtsmedizinern am Hals des Opfers frische Hautabschürfungen festgestellt worden, im Schmutz unter den Fingernägeln und an den Fingernägeln des Angeklagten hätte es solche Spuren jedoch nicht gegeben. Und auch zu dem ominösen Blutfleck auf dem Bettlaken, den der Kriminaltechniker festgestellt hatte, habe das Gericht keinerlei Aussagen gemacht, obwohl dieser Blutfleck zweifelsfrei weder vom Opfer noch vom Angeklagten stammte. Doch von wem dann? Hatte das mysteriöse Blut auf dem Laken etwas mit der Tat zu tun?

Der 5. Strafsenat des Obersten Gerichtes hebt angesichts der vielen Zweifel das Urteil des Bezirksgerichtes auf und weist das Verfahren auf Antrag der Generalstaatsanwaltschaft der DDR zur erneuten Verhandlung an die bezirklichen Richter zurück.

Im Juni 1985 befasst sich das Bezirksgericht in Frankfurt (Oder) erneut mit dem Fall. Die Hauptverhandlung findet vor demselben Senat und unter dem Vorsitz derselben Richterin statt. So überzeugt das Gericht im ersten Prozess davon war, dass nur Waldemar Emils der Mörder von Linda Lebor gewesen sein kann, so viel Unklares findet es in der Zweitauflage. Der Angeklagte habe zunächst stets davon gesprochen, dass er das Opfer erschlagen haben könnte. Erst vom Vernehmer habe er die tatsächliche Todesursache erfahren. Zu vage sei auch der Todeszeitpunkt. Möglicherweise sei das Opfer bereits vor Mitternacht gestorben. Nicht geklärt werden kann die Herkunft des Blutflecks auf dem Laken, den der Angeklagte zuvor nicht bemerkt haben will. Es sei nicht auszuschließen, dass sich Dritte Zugang zum Tatort verschafft haben könnten, weil weder Haus noch Wohnung abgeschlossen waren.

Das Bezirksgericht spricht Waldemar Emils vom Vorwurf des Mordes frei. In der Begründung zu dieser Kehrtwende heißt es: »Es ist daher davon auszugehen, daß der Angeklagte sich in der Nacht vom 20. zum 21.2.1984 in einen Vollrausch versetzte, in dieser Zeit Frau … in der gleichen Wohnung, in der sich der Angeklagte befand, getötet wurde, ohne das nachzuweisen ist, daß der Angeklagte der Täter war.«

Die Staatsanwaltschaft, die auch in der Neuauflage des Prozesses nicht an den »großen Unbekannten« als Mörder von Linda Lebor glaubt, fordert abermals eine Verurteilung von Waldemar Emils zu 15 Jahren Haft. Nach dem Freispruch verzichtet sie auf eine Berufung beim Obersten Gericht.

Jahre später wird Waldemar Emils tot aufgefunden. Er steckt kopfüber in einem Gully.

Das letzte Gespräch

Für Michael Supan ist die Ungewissheit kaum noch auszuhalten: Er sitzt nun schon seit knapp vier Monaten in der Armeekaserne in Rostock fest, und daheim ist der Haussegen arg in Schieflage geraten. Im Mai 1985 erhielt er im heimatlichen Luckenwalde die Einberufung vom Wehrkreiskommando zur Ableistung seines Reservistendienstes, und seine Lebenspartnerin Katja Maler nutzt offensichtlich seitdem die Zeit, um sich von ihm zu trennen und zu ihrem neuen Geliebten namens Thomas zu ziehen. So jedenfalls steht es in dem Brief, den er erhalten und in dem sie ihm unmissverständlich das Aus ihrer Beziehung mitgeteilt hat. Für Kristina, seinen dreijährigen Liebling, solle er fortan einen Unterhaltsbeitrag zahlen und auf ein extra eingerichtetes Konto bei der Sparkasse überweisen. Der Brief enthält auch einen Vorschlag, wie das im gemeinsamen Haushalt Angeschaffte aufgeteilt werden soll. »So weit ist es also schon gekommen«, wütet er nicht nur innerlich, sondern lässt seinen Frust verbal auch bei seinen »Kameraden auf Zeit« über »dieses Weib« aus. Die wundern sich über das nahezu krankhafte Abhängigkeitsverhältnis von Supan zur Freundin, die sein einziger Lebensinhalt zu sein scheint. Drohungen, dass er sie fertigmachen würde, hören sie nicht nur einmal.

An den langen Abenden auf der »Stube«, wie die Gemeinschaftsunterkünfte mit Doppelstockbetten,

Tisch, Stühlen und Spinden für die niederen Dienstgrade in der NVA-Kaserne genannt werden, erinnert er sich wieder und wieder daran, wie alles einst begann zwischen ihm und seiner Katja.

In Schwarze Pumpe unter den Schornsteinen der Brikettfabriken und Kraftwerken des späteren Gaskombinates geboren, wächst Michael mit drei Halbgeschwistern in einer intakten Familie auf. Locker und leicht hätte er die Polytechnische Oberschule in Schwarze Pumpe packen können, doch dem Jungen macht das Lernen keinen Spaß. In Fächern, die ihn interessieren, wie Geschichte, Physik und Chemie, erreicht er Noten von zwei und drei, in anderen reicht es nur zu Vieren und Fünfen. Statt es bis zur zehnten Klasse zu schaffen, bleibt er wegen Unlust, Bockigkeit und Faulheit einmal sitzen und wird an eine Hilfsschule in Spremberg umgesetzt. Dort erreicht er nicht einmal das Ziel der achten Klasse. Im Gaskombinat Schwarze Pumpe erlernt er den Beruf eines Schlossers für Anlagen und Geräte und besteht – siehe da – im Rahmen einer Erwachsenenqualifizierung den Abschluss der achten Klasse einer Normalschule.

Durch eine ehemalige Schulfreundin lernt er 1979 Katja Maler kennen. Er ist 22 Jahre alt, Katja ist vier Jahre jünger und hat gerade ihr Abitur gebaut. Es funkt sofort zwischen den beiden. Schon nach kurzer Zeit ziehen sie gemeinsam in eine kleine, aber eigene Wohnung. Eigentlich wollte sich Katja an der Bergakademie Freiberg zur Diplomingenieurin für die Kohleveredelung ausbilden lassen. Aus gesundheitlichen

Gründen, aber auch weil ihr die Kultur mehr zusagt als die Kohle, lässt sie sich exmatrikulieren.

In Luckenwalde bewirbt sich die Lausitzerin beim dortigen Rat des Kreises als Leiterin der Kulturinformation, und erhält die anspruchsvolle Stelle.

Katja Maler und Michael Supan beziehen in der Industriestadt mit zahlreichen volkseigenen Betrieben (VEB) sofort eine Wohnung und richten sich häuslich ein. Ein Jahr nach ihrem Umzug, Ende 1982, wird Töchterchen Kristina geboren. Nun soll, wie es sich gehört, auch geheiratet werden. Der beim Standesamt zur amtlichen Besiegelung bereits angemeldete »Bund fürs Leben« wird nicht geschlossen.

Die Schmetterlinge, die zunächst in den Herzen und Bäuchen des Paares umherschwirren, werden flüchtig. Zank und Streit nehmen ihren Platz ein. Statt den Bund der Ehe mit Katja zu schließen, geht Michael Supan einen mit scharfen flüssigen »Partnerinnen« ein. Wegen Trunkenheit beim Führen eines Autos verliert er seinen Job als Kraftfahrer, den er in Luckenwalde ausübte. Montagearbeiter, Lagerist, Beifahrer, Hausmeister und Heizer in Gaststätten sind fortan seine Betätigungsfelder, in denen er aber nie lange verweilt. »Die Arbeitsstellen habe ich so oft gewechselt, um an Sachen für unsere Wohnung heranzukommen, die man schwer bekam«, wird er später einmal als Begründung angeben. Von Mai bis Oktober 1983 macht diese »Beschaffungstätigkeit« allerdings gänzlich Pause. Er hat sich eine Verschnaufpause von der Arbeit verordnet.

Ganz anders dreht sich die Welt seiner Lebensgefährtin. Katja Maler geht in ihrem Beruf auf. Sie ist gesellschaftlich aktiv und organisiert vielfältige kulturelle Veranstaltungen. Als Chefin bleibt sie, bis der letzte Gast gegangen ist. Man setzt sich auch zusammen, trinkt etwas und freut sich über ein gelungenes Event. Dann wird es schon mal später, oder auch ganz spät in der Nacht, bis sie wieder daheim ist.

Eifersucht und Misstrauen nagen an Michael Supan und zersetzen die Liebe. Die Auseinandersetzungen nehmen an Heftigkeit zu. Er droht seiner Freundin mit Gewalt. Die Fetzen beginnen im wahrsten Sinne des Wortes zu fliegen. Beim »Möbelrücken«, wie es Supan bezeichnet, richtet er in der Wohnung mehrmals Chaos an. Er wirft Mobiliar aus dem Fenster, Bekleidung wird aus den Schränken gezerrt und zerrissen, Dokumente von Katja und sogar Geldscheine werden zu Papierschnitzeln. Der Sachschaden, den er bei einem der Exzesse im Jahr 1984 anrichtet, beträgt 1.500 Mark. »Ich bringe dich und Kristina um«, schleudert er der Partnerin mehr als einmal entgegen. Er dreht am Tag der Randale zur Abschreckung die Gashähne kurz auf, verletzt die Frau mit einem Messer an der Brust. Die Anzeige, die Katja Maler bei der Polizei aufgibt, zieht sie jedoch bald wieder zurück. Michael Supan gelobt Besserung, begibt sich sogar für zwei Wochen ins Krankenhaus zum Alkoholentzug.

In Schwarze Pumpe und Spremberg hören Eltern und Großeltern vom Zerwürfnis ihrer Kinder. Der »große Familienrat« wird einberufen. Das Ergebnis überrascht nicht: »Das Verhältnis der Kinder hat keine Chance mehr.« Dennoch bittet Supans Stiefvater die »Schwiegertochter«, die Beziehung nicht abrupt zu beenden. »Michael hängt doch sehr an seiner Tochter. Gib ihm die Chance, sich langsam von dir und Kristina zu lösen.«

Das offensichtlich gescheiterte junge Paar akzeptiert den Beschluss des Familienrates. Katja nächtigt mit der Tochter im Schlafzimmer, Michael muss sich mit der Couch im Wohnzimmer begnügen. Um eine konsequente räumliche Trennung, wie vom Familienrat beschlossen, kümmert sich der Mann nicht, und auch Katja findet keine eigene Wohnung.

Inzwischen hat das häusliche Zerwürfnis die junge Frau zermürbt. Es kostet sie schließlich die Arbeitsstelle. Sie erfüllt ihre Aufgaben nicht mehr, fehlt unentschuldigt und verliebt sich zeitweise in den »Tröster« Alkohol. Die Kreisleiterin der Kulturinformation wird fristlos entlassen und steigt zur Sachbearbeiterin im VEB Sekundärrohstoffe (SERO), dem DDR-Altstoffhandel, ab. Katja Maler beschließt, die Armeezeit ihres Ex-Lebensgefährten zu nutzen, um die in die Brüche gegangene Beziehung endgültig zu lösen, zumal sie in Thomas bereits einen neuen Freund gefunden hat. Sie wird in ihrem Beschluss bestärkt, als Supan während eines Kurzurlaubes von seinem Reservistendienst im Juni 1985 in ihrer Abwesenheit erneut wie ein Irrer randaliert, die Wohnung verwüstet und einen Schaden von 2.900 Mark anrichtet. Katja Maler zeigt ihn erneut bei der Polizei an und stellt einen Strafantrag.

Diesmal zieht sie die Anzeige nicht zurück. Der Vorgang wird dem Militärgericht in Schwerin übergeben. Eine gerichtliche Hauptverhandlung ist für den 4. Oktober 1985 anberaumt.

Die unvermeidliche Trennung als einzige vernünftige Lösung will Michael Supan nicht akzeptieren. Auch nicht, als ihm seine Ex-Lebensgefährtin die endgültige Auflösung des Verhältnisses per Brief in die Kaserne mitteilt und ihm darin auch ihre Vorstellungen zur Gütertrennung eröffnet. Katja ist sein Besitz, und den gibt man nicht einfach her, davon ist er überzeugt. Sogar zu ihrem Geburtstag, den sie mit dem neuen Mann und dessen Freunden in einer Gaststätte feierte, verwies sie ihn des Tisches, obwohl er extra eine Geburtstagstorte dabei hatte. »Du bist nicht eingeladen und auch nicht erwünscht. Geh und nimm den Kuchen mit«, fertigte sie ihn ab. Diese Demütigung und Frechheit von der Freundin hat ihn tief getroffen. Sie nagt an ihm.

Wie oft ist ihm das alles schon durch den Kopf gegangen in seiner Koje in der Soldatenstube. Während eines verlängerten Urlaubswochenendes will er Katja in einem letzten Gespräch noch einmal überzeugen, doch bei ihm zu bleiben. Obwohl, wenn er ehrlich zu sich ist, die Wahrscheinlichkeit gering ist. Sehr gering. Wenn es nicht klappt mit der Versöhnung, muss man wenigstens die Gütertrennung regeln. Da will er hart bleiben, nimmt er sich vor. So leicht, wie es sich das »untreue Weib« denkt, soll sie es nicht haben. Schließlich hat er für den Haushalt eine Menge herangeschafft.

Der Urlaubsschein ist ausgestellt und vom Kompaniechef unterschrieben. Vom 20. September, 14 Uhr, bis zum 24. September, 5.45 Uhr, hat er frei. Die Zeit wird er nutzen. »Machen Sie keinen Unsinn und benehmen Sie sich anständig«, ermahnte ihn der Vorgesetzte noch angesichts des bevorstehenden Prozesses vor dem Militärgericht in Schwerin. »Klären Sie die Angelegenheit mit Ihrer Frau vernünftig und vor allem gütlich, Genosse Supan«, bekam er als guten Rat zu hören. »Zu Befehl, Genosse Hauptmann! Mache ich. Gestatten Sie, dass ich abtrete?« Mit einem Kopfnicken ließ der Offizier ihn gehen.

Nun sitzt er im Zug von Rostock nach Berlin. Auf der Zugtoilette hat er sich umgezogen, die bei der Einberufung illegal eingeschmuggelte Zivilkleidung gegen die Uniform getauscht. Mit dem steingrauen Zeug auf dem Leib ist man automatisch im Ansehen der Leute vor allem in Berlin ein »Linientreuer«. »Nun fühlt man sich doch ganz anders«, sagt er sich bei Bier und Schnaps aus der Mitropa. Sein Kommen angemeldet hat er bei Katja nicht. Er will sie überraschen und zur Rede stellen. Zur Zurückhaltung beim Zuprosten mit sich selbst nach der langen Abstinenz in der Kaserne ermahnt ihn nichts. Auch nicht die bevorstehende Aussprache mit der Lebensgefährtin.

In der DDR-Hauptstadt angekommen, muss ihn der Schaffner aus seinem bier- und schnapsseligen Schlaf erwecken. Zum Glück steht der Zug von Berlin-Schöneweide nach Luckenwalde noch bereit.

In der häuslichen Wohnung ist von Katja Maler keine Spur. »Na warte, ich finde dich«, brubbelt er vor sich hin. »Kannst ja nur beim Geliebten in Dobbrikow sein.« Er schmeißt seinen Rucksack ab und geht hinüber in die Gaststätte *Central*, wo er seinen Durst löscht. Den Frust steigern die paar Glas Bier, die er sich genehmigt, mit jedem Schluck mehr.

Sein Zorn entlädt sich wieder einmal an der Wohnungseinrichtung. Er reißt Möbel und den Kühlschrank um, zerstört Wäsche und Bekleidung, holt Gläser und Porzellan aus der Vitrine und zerschmettert die schönen Stücke. Die Nachbarn, die Wand an Wand wohnen, finden gut drei Stunden lang wegen des Radaus von drüben keine Ruhe. Nicht alles aber wird vom wütenden Supan in Kleinteile zerlegt. Was ihm nach der von Katja aufgestellten Gütertrennungsliste gehören soll, lässt er unbehelligt. Der Schaden, den er anrichtet, schnellt auf über 3.000 Mark hoch. Ermüdet vom Alkohol und der Randale, holt er sich eine Decke und legt sich im Wohnzimmer zum Schlafen auf den Teppich.

Der nächste Tag, ein Samstag, wird nicht besser als der vorherige Tag. Der Kumpel, der ihn nach Dobbrikow zu den Bungalows am Glienicksee bringen soll, ist weder mit guten Worten noch mit Geld zu der kleinen Spritztour zu bewegen. Dabei sind es nicht mal 20 Kilometer bis dorthin. Nein, er müsse etwas mit seiner Frau erledigen. Das habe er ihr versprochen, lautet dessen unmissverständliche Absage. »Du Arsch«, denkt sich Supan. »Stehst ja gewaltig unter dem Pantoffel.« Er sieht nach der geplatzten Fahrt keinen anderen Ausweg, als den Tag mit Gaststättenbesuchen auszufüllen. Der Gedanke, die demolierte Wohnung wieder in Ordnung zu bringen, kommt ihm nicht. Er verbringt auch diese Nacht inmitten der von ihm angerichteten Unordnung.

Am Sonntag klappt es mit dem Trip nach Dobbrikow. Ein Bekannter, er kennt ihn nur unter seinem Spitznamen »Hugo«, hat sich mit seinem weiß-roten Trabant 601 zur Fahrt an den Ort am See bereiterklärt. »Brauchst Katja später auch nicht wieder nach Dobbrikow bringen. Die soll zur Strafe den Weg zu Fuß zu ihrem Kerl zurücklegen«, räumt Supan Befürchtungen bei Hugo aus, dass sein ganzer Sonntag im Eimer sein könnte. »Das dürfen wir meiner Ollen aber nicht verraten. Wir versichern ihr, dass du sie gegen elf Uhr wieder abholst«, wird Hugo instruiert.

Es ist neun Uhr morgens, als die beiden Männer starten. Eine gute halbe Stunde später ist Dobbrikow, genauer gesagt die Bungalowsiedlung unweit des Glienicksees, erreicht. »Hier muss es irgendwo sein. Halt an«, bittet Supan seinen privaten Taxichauffeur. »Ich werde mal fragen.«

Das Glück ist ihm hold. Er wendet sich dem Bungalow auf der rechten Straßenseite zu und sieht die Gesuchte. Katja Maler spielt mit Tochter Kristina und ein paar anderen Kindern im Vorgarten. Die ist überrascht, als ihr Ex, und das ist er für sie, so plötzlich auftaucht, doch sie überspielt ihren Schreck, zumal Michael Supan sehr freundlich auf sie zukommt. »Katja, ich habe mir beim Kompaniechef extra Kurzurlaub erbettelt, weil ich mit dir über die Gütertrennung reden will. Am besten, wir machen es in unserer Wohnung. Wir müssen alles schriftlich festlegen. Es geht ja nicht nur um die Möbel. Viele Sachen fallen einem ja erst ein, wenn man sie sieht. Bis zum Mittagessen bist du wieder zurück.« Mit diesen Argumenten wischt er den Einwand von Katja weg, dass man die Angelegenheit ja auch gleich in Dobbrikow klären könnte.

Glücklich ist Katja nicht, doch sie willigt ein. »Thomas, pass doch bitte auf die Kinder auf. Ich fahre mit Michael kurz nach Luckenwalde. Wir wollen ein paar Dinge besprechen«, bittet sie ihren neuen Lebenspartner und steigt in den Trabi ein. Während der Fahrt schwärmt sie davon, wie gut es ihr jetzt bei Thomas gehe und dass sie keine Angst mehr habe, verprügelt zu werden. Innerlich bringt sie damit Supan zum Kochen. Anmerken lässt er sich nichts. Steht sein Plan schon fest?

In Luckenwalde angekommen, schreit Katja beim Betreten der Wohnung auf. »Wie sieht denn das hier aus? Bist du wahnsinnig geworden? Warum hast du Suffkopp alles demoliert? Du bist doch nicht richtig in der Birne.« Sie will auf dem Absatz kehrtmachen, doch Michael schiebt sie in die Wohnung und schließt die Tür. »Ja, ich habe wieder Mist gemacht. Was dir gehört, repariere ich oder bezahle es dir«, gibt er sich kleinlaut. »Und dann kann doch alles, so wie immer, wieder gut sein.« Mit einem strikten »Nein« zerstört Katja seine letzten Illusionen.

Sie setzen sich im Wohnzimmer auf das Sofa und beginnen, das Inventar, soweit es noch zu gebrauchen ist, aufzuteilen. Beim Fernsehapparat entzündet sich der Streit. Beide wollen ihn haben. Schließlich gibt sich der Mann scheinbar einsichtig. »Du kannst ihn haben. Mach die Beine breit, und dann hast du ihn weg«, fordert er Geschlechtsverkehr als Gegenleistung. Die Frau wehrt sich, als er ihr an die Wäsche geht. Er reißt ihr die Oberbekleidung vom Leib. Sie hat Angst. Die Unterwäsche zieht sie sich selbst aus und lässt den Akt, den Supan bis zum Samenerguss betreibt, mit Widerwillen und Ekel über sich ergehen. »Bist du jetzt fertig? Kann ich mich wieder anziehen?« Nackend geht sie hinüber ins Schlafzimmer und sucht sich aus den Sachen, die verstreut auf dem Fußboden liegen, einen Pullover und eine Turnhose heraus. Derart notdürftig bekleidet, setzt sie sich im Wohnzimmer wieder aufs Sofa. »Und nun«, beschwört sie ihn, »lass uns die Sache hier zu Ende bringen, und dann will ich dich nie, nie wieder sehen.« Der Wortwechsel wird lauter. Wie auf dem orientalischen Basar wird um Kleinigkeiten, um Tonbandkassetten und Bettwäsche, gefeilscht.

Supan steigert sich in immer größere Wut. Er fühlt sich zu Unrecht von seiner einstigen großen Liebe, die sich inzwischen einem anderen Kerl an den Hals geworfen hat, gekränkt und abgeschoben. Er greift aus seinem Armeebesteck, das er am Vortag beim Entleeren seiner Reisetasche auf den Wohnzimmertisch gelegt hat, nach dem Messer. Das Messer hat einen Holzgriff, die Klinge ist 18 Zentimeter lang und vorn abgerundet. Mit Wucht stößt er es Katja Maler in die linke Brust, als diese das Wohnzimmer verlassen will. In der Tür zur Küche bricht das Opfer zusammen.

Lebt seine treulose Ex-Freundin noch? Supan geht ins Schlafzimmer, holt eine Strumpfhose, schlingt sie um den Hals der Frau und verknotet sie doppelt. Wieder randaliert er in den Zimmern, schmeißt durcheinander, was nicht niet- und nagelfest ist, und wäscht sich das Blut von Katja Maler von den Händen.

Eine Stunde hat dieses letzte Gespräch bis zum bitteren Ende gedauert. Supan verlässt die Wohnung und geht zum Bahnhof, wo er zufällig wieder auf Hugo trifft. »Soll ich deine Frau nicht doch zurück nach Dobbrikow bringen?«, fragt dieser hilfsbereit. »Ich habe noch etwas Zeit, muss erst am Nachmittag zu einer Geburtstagsfeier.« Supan winkt ab. »Nee, nee, lass mal. Die kann die paar Kilometer zur Strafe trampen. Außerdem hat sie bestimmt schon einen Kerl aufgerissen, der sie mitgenommen hat.« Er gibt Hugo zehn Mark als Benzingeld und verabschiedet sich. »Ich fahre jetzt nach Berlin.«

Das macht Michael Supan auch. Er treibt sich in der DDR-Hauptstadt bis in die Nacht hinein in Gaststätten zwischen Alexanderplatz und Friedrichstraße herum und mietet gegen ein Uhr nachts vor dem Nobelhotel *Stadt Berlin* ein Taxi. Als Fahrtziel gibt er Spremberg an. Dem Fahrer drückt er 200 Mark als Vorschuss in die Hand.

In Schwarze Pumpe gesteht er zunächst der Großmutter die Tat. Er schenkt ihr ein Passbild, das er zuvor aus dem Wehrdienstausweis gerissen hat, und

300 Mark. »Hier, für dich. Du hast ja bald Geburtstag. Das Bild ist ein Andenken. Du siehst mich das letzte Mal.« Am Morgen überbringt er auch den Eltern die schreckliche Mitteilung, berichtet ihnen, was vorgefallen ist und wie er Katja getötet hat: mit dem Messer und der Strumpfhose. Mit Mühe können ihn die Eltern vom Vorhaben eines Selbstmordes abhalten und ihn überzeugen, sich der Polizei zu stellen.

Wie kann eine Beziehung, die einst voller Liebe begann und von der Michael Supan noch auf der Armeekoje träumte, in einem solchen Drama enden? In der Hauptverhandlung vor dem Bezirksgericht Potsdam im Juli 1986 gehen die Richter neben den objektiven Feststellungen zum Tathergang auch dieser Frage nach. Dazu wird die psychiatrische Sachverständige der Charité Berlin gehört. Sie verweist darauf, dass die Persönlichkeit ein entscheidender Faktor im Verhältnis des Täters zum Opfer im Vorfeld der Tat gewesen sei und welche brüchige Grundlage diese Beziehung bei dem Bildungsunterschied und der Interessendifferenz gehabt habe. Die geringe Lebenserfahrung der Frau, die sexuelle Übereinstimmung, der Aufbau eines gemeinsamen Haushaltes und dann vor allem das gemeinsame Kind hätten egozentrische Charaktereigenschaften des Mannes, seine »Ichbezogenheit«, in den Hintergrund treten lassen, sagt sie. Die Probleme traten zutage, als Katja Maler zunehmend selbständiger wurde, Erfahrungen sammelte und sich in ihre berufliche Tätigkeit flüchtete. Für Supan war das »Rumtreiberei, Sauferei,

Rumhurerei«, für Maler die Möglichkeit, der angespannten häuslichen Atmosphäre wegen der labilen Arbeitsmoral des Mannes und seines Alkoholgenusses zu entkommen.

Trennungsabsichten der Frau, die ihn zweimal wegen seiner schweren Randale bei der Polizei angezeigt hatte, nahm er nicht ernst. Mehr noch, er sprach ihr einfach das Recht ab, sich von ihm zu trennen. Letztlich äußerte sich Supans Aggressivität und Haltung gegenüber der Partnerin beim letzten Gespräch über die Güteraufteilung und die damit verbundene unumkehrbare Trennung im Geschäft Fernsehapparat gegen »Beine breit machen«. Dabei sei Supan weniger angetrieben gewesen von sexueller Erregung, sondern vor allem von Besitzansprüchen, denen sich die Frau nicht zu entziehen hatte, stellt die Gutachterin fest.

In ihren Analysen bejaht die Fachärztin für Neurologie und Psychiatrie nach einer gründlichen Exploration zwar eine Affektsituation, verneint aber eine damit verbundene tiefe Bewusstseinsstörung, die zur Unzurechnungsfähigkeit während der Tat geführt hätte. Seitens der Verteidigung bringt ihr das den Zweifel an der Wissenschaftlichkeit des Gutachtens ein.

Das Gericht weist den Vorwurf der Unwissenschaftlichkeit zurück. Es geht aber davon aus, dass der Angeklagte wegen des erheblichen Alkoholkonsums am Tag vor der Tat und am Tattag selbst vermindert zurechnungsfähig gewesen sei. Eine außergewöhnliche Strafmilderung leiten die Richter daraus nicht ab. Schließlich sei der Angeklagte als Gewohnheitstrinker in der Lage, die Folgen von Alkoholmissbrauch zu erkennen und sich darauf einzurichten.

Das Gericht verurteilt Michael Supan wegen Mordes und vorsätzlicher Sachbeschädigung zu einer lebenslangen Freiheitsstrafe. Vom Anklagevorwurf der Vergewaltigung sprechen die Richter ihn frei. Es sei nicht erwiesen, dass der Angeklagte in einem solchen Maß mit Gewalt vorgegangen sei, dass der Tatbestand der Vergewaltigung erfüllt wäre.

Das Oberste Gericht der DDR akzeptiert das Strafmaß nicht, kassiert die lebenslange Freiheitsstrafe und reduziert sie auf 15 Jahre Freiheitsentzug. Die Kriterien für eine unbefristete Strafe seien nicht erfüllt, so die Begründung. Der Tötungsvorgang sei nicht in einer für das Opfer besonders qualvollen Weise erfolgt oder habe sich nicht über eine längere Zeit erstreckt.

Im Februar 1993 wird Supan aus dem Gefängnis entlassen.

Mannesversagen

Döbern, im südlichsten Teil der Niederlausitz gelegen und knapp 30 Kilometer von Cottbus entfernt, ist vor allem durch den Kohleabbau und durch seine Glasindustrie bekannt geworden. Bereits 1867 wurde die erste Glashütte in Betrieb genommen. In der DDR war der VEB Glashüttenwerk das Herzstück Döberns, das 1969 das Stadtrecht verliehen bekam und Ende der 1970er Jahre fast 5000 Einwohner zählte. Nahezu jede Familie in der Stadt war irgendwie mit der Glasmacherei verbunden.

Die Arbeit im Glaswerk war schwer, durch Hitze belastet und machte durstig. Nach der Schicht in der »Hütte« traf man sich oft in Gaststätten auf ein, zwei, drei Glas Bier. Und bei dem einen oder bei der anderen waren es dann auch schon mal ein, zwei, drei Glas Bier zu viel.

Britta Kiepatz gehörte zu letzterer Gruppe. Die Glasbläserin war fast täglich nach Feierabend in den Lokalen der Stadt anzutreffen. Daheim hielt sie sich, wenn überhaupt, nur zum Schlafen auf. Die 29-Jährige nächtigte lieber bei Männern, denen sie ihre Gunst schenkte. Ihre Wohnung bestand ohnehin nur aus einem Zimmer, und darin herrschte Chaos statt Gemütlichkeit. Kleidung, Geschirr, Bücher, Papiere, Zigaretten lagen wahllos herum. Das einzig Wertvolle war ein Kaffeeservice im Schrank, das aber nicht benutzt wurde. Von wem auch?

Zu erwähnter Gruppe gehörte auch Fred Schwand, 25 Jahre alt und im Glaswerk als Ätzgehilfe tätig. Der junge Mann war bisher vom Leben nicht übermäßig gut bedacht worden. Von Geburt an litt er an einer Augenkrankheit, dem grauen Star. Die Brille mit den dicken Gläsern verleitete Gleichaltrige nicht selten zum Spott. Die Schule schloss er mit der achten Klasse ab. Durch das Augenleiden beeinträchtigt, schaffte er seinen Berufsabschluss nicht.

Aufgewachsen mit sechs Geschwistern, verlor er früh den Vater. Der damals 14-Jährige verkraftete den Verlust nicht, wurde störrisch gegenüber der Mutter und suchte Trost im Alkohol. So wie der Alkoholgenuss stieg, so sanken auch seine Arbeitsleistungen. Auf Fehlschichten folgten Verweise, und auf Straftaten Verurteilungen. 1973 legte er, von Bier und Schnaps stark benebelt, im Stallgebäude eines Nachbarn einen Brand, was ihm eine Freiheitsstrafe von zwei Jahren einbrachte, die zur Bewährung ausgesetzt wurde. Drei Jahre später wurde er erneut straffällig. Wegen mehrfacher Körperverletzung erhielt er eine Strafe von acht Monaten. Vom Grundsatz her war Schwand ein ruhiger und höflicher Geselle. Unter Alkoholgenuss war er jedoch reizbar, jähzornig und mit den Fäusten streitbar. Die ihm gewährte Bewährungszeit nutzte Schwand nicht. Er musste hinter Gitter, was seine kurz zuvor angebahnte Beziehung zu Britta Kiepatz unterbrach.

Wenige Tage nach seiner Entlassung im November 1978 lebte die »Liebe« zu Britta wieder auf, natürlich in einer Gaststätte. Auch war die Zuneigung beiderseits nur auf Akte der sexuellen Befriedigung gerichtet. Vor allem die junge Frau hielt von Treue als wichtigem Baustein einer Beziehung herzlich wenig.

Am 4. März 1979 hatten sich Fred Schwand und Britta Kiepatz für den Nachmittag verabredet. Wie sich später herausstellte, hatte sie in dieser Zeit ihre Fraulichkeit gerade einem anderen Bekannten zukommen lassen. Fred wartete geraume Zeit, war aber über das Fernbleiben seiner Verabredung nicht sonderlich überrascht. Schwand entschloss sich gegen Abend, seinen Zigarettenvorrat aufzufrischen und sich ein Bierchen, vielleicht auch zwei oder drei, zu genehmigen. Zielgerichtet suchte er seine Stammkneipe *Central* in Döbern auf. Dort hatte sich inzwischen auch Britta Kiepatz wieder eingefunden und saß zusammen mit drei Männern an einem Tisch. Fred hielt sich zurück, stellte sich an die Theke und genoss seinen Gerstensaft. In der Öffentlichkeit wollte er mit Britta nicht unbedingt gesehen werden, weil er befürchtete, dass der schlechte Ruf, den die Frau in der Stadt hatte, auf ihn zurückfallen könnte.

Beim Verlassen der Gaststätte kam es dann doch zu der verspäteten Begegnung. »Ich hatte heute Nachmittag keine Zeit«, entschuldigte sich Britta mit schon schwerer Zunge. »Hatte was zu tun. Was willst du denn noch machen?« Fred überlegte kurz. »Ich gehe rüber ins Kulturhaus noch etwas trinken und dann nach Hause.« Britta, noch immer etwas durstig, entschloss sich, mit ihm zu gehen. »Ich komme mit. Hast doch nichts dagegen, oder?«

Zwei Männer von Brittas Tischgesellschaft im *Central* folgten den beiden in die nächste Gastlichkeit. Für Britta war im Kulturhaus allerdings trotz der bestehenden Öffnungszeit Ausschankschluss. Betrunken, wie sie war, gab es für sie nichts Alkoholisches mehr. Die Frau war so wackelig auf den Beinen, dass sie kurz danach beim Verlassen der Trinkstube die drei Stufen bis zur Straße hinunterfiel. Schwand, der ebenfalls nicht mehr ganz nüchtern war, half ihr wieder auf die Füße, und beide gingen seiner Wohnung entgegen. Zwischendurch hatte er noch einen Nebenbuhler aus der Zechergruppe aus dem Kulturhaus vertreiben müssen, der es ebenfalls auf ein Schäferstündchen mit Britta abgesehen hatte.

Während sich Fred daheim in der Küche zwei Brote schmierte, richtete sich Britta im Wohnzimmer gemütlich ein. Ihre Sachen landeten Stück für Stück auf dem Sessel, sie streckte sich auf der Couch aus. Mit den Broten und einem Küchenmesser bewaffnet, setzte Fred sich neben sie, stärkte sich mit den Stullen und entledigte sich danach ebenfalls seiner Bekleidung. Der Mann stellte sich noch den Wecker auf morgens um 4.30 Uhr, um pünktlich am nächsten Tag seine Schicht im Glaswerk antreten zu können, kuschelte sich dann an die nackte Frau und – versagte.

Gut 20 Minuten mühte er sich, doch wie meistens, wenn er sein Quantum von zehn Glas Bier überschritten hatte, verweigerte ihm sein bestes Stück seinen strammen Dienst. Erschöpft und verärgert über seine Mannesschwäche ließ er von der Frau ab, stand auf, zog sich die Turnhose über und steckte sich eine Zigarette an.

»Was ist denn los, bist du bekloppt?«, hörte er Britta meckern. »Du schlappe Zicke! Du lahmer Sack! Du Schlappschwanz! Da hätte ich ja gleich mit den anderen mitgehen können«, setzte die unbefriedigte Frau ihre Schimpfkanonade fort.

Schwand, über sein männliches Versagen erbost und beschämt, befürchtete, dass sich Britta in der Öffentlichkeit über ihn, den Schlappschwanz, lustig machen könnte. Wütend warf er die Zigarette auf den Fußboden und stürzte sich auf die Frau auf der Couch, die noch immer zeterte. »Sei ruhig, halte die Schnauze«, forderte der Mann und würgte sie mit beiden Händen, um weiteren verbalen Erniedrigungen zu entgehen. Britta wehrte sich nach Kräften und schlug mit Armen und Beinen um sich. Beide landeten auf dem Fußboden. Dort ließ Schwand kurz von ihr ab, kniete sich dann über sie und drückte ihr nun noch mit viel größerer Kraft den Hals ab. Die Gegenwehr des Opfers versetzte ihn in noch stärkere Erregung. Voller Wut schlug er den Kopf der Frau während des Würgens mehrmals kräftig auf den Boden. Als ihr Widerstand erlahmte, löste der Täter den Würgegriff.

Röchelnd versuchte Britta, Luft in die Lungen zu pumpen. Sofort schlug Schwand wieder zu, ließ die Handkante seiner rechten Hand mehrfach niedersausen und hielt mit der linken Hand den Hals umklammert. Als Britta trotz der erheblichen Gewalteinwirkung immer noch atmete, ergriff er einen in seiner

Reichweite liegenden Schal, schlang ihr das Tuch um den Hals, überkreuzte es vor der Brust des Opfers, wickelte die Enden um seine Hände und zog mit aller Kraft zu. Bald war eine Abwehr nicht mehr zu spüren, die Atemgeräusche verstummten, der Körper unter ihm erschlaffte. »Nun ist sie tot«, sagte Fred Schwand zu sich, und ließ von der Frau ab.

»Was nun?« Auch nach der dritten Zigarette und einer viertel Stunde des Nachdenkens war Schwand einer Antwort nicht nähergekommen. Plötzlich begann die vermeintlich Tote wieder zu atmen. Kaum hörbar zunächst, aber sie atmete. Erleichterung löste das nicht bei Schwand aus. Im Gegenteil. Statt Hilfe zu holen und das Schlimmste abzuwenden, beschloss er, das Opfer endgültig zu töten. Das Brotschneidemesser mit der sägeartigen, 16 Zentimeter langen Schneide, das er zum Stullebereiten vor dem missratenen Beischlaf benutzt hatte, lag noch immer auf dem Tisch. Er ergriff es, hockte sich hinter die flach atmende, aber noch immer bewusstlose Frau, umfasste das Kinn mit der linken Hand, zog den Kopf nach hinten und schlitzte den Hals mit vier Schnitten auf. Als das Blut stoßweise hervorschoss, war er sich sicher, dass sein Opfer verbluten würde.

Der Täter zog sich an und verließ die Wohnung, um einen Arzt und die Polizei zu holen. »Weglaufen ist doch sinnlos«, dachte er sich. Spät, aber auch zu spät? 20 Minuten zögerte Schwand vor der Telefonzelle am Straßenrand. Ohne Hilfe zu rufen, drehte er sich um und machte sich auf den Rückweg. Unterwegs traf er ein Ehepaar, das im selben Haus wohnte. »Ich habe jemanden umgebracht«, sagte er und hastete, immer zwei Stufen auf einmal nehmend, die Treppe zu seiner Wohnung hinauf. »Braucht keine Sorge zu haben, ich haue nicht ab«, versicherte er. Das Ehepaar folgte ihm. Was beide sahen, schockierte sie. Das Wohnzimmer war großflächig mit Blut verschmiert. Blut, wohin man sah, auf dem Fußboden, an den Wänden, an den Möbeln. Britta Kiepatz hatte offensichtlich versucht, irgendwie selbst aus der Wohnung zu kommen und Hilfe zu holen. Auch jetzt, fast eine Stunde nach den Attacken, kämpfte die inzwischen wieder bewusstlose Frau gegen den Tod. Der Arzt, der um 2.33 Uhr eintraf, versuchte, sie in diesem Kampf zu unterstützen. Britta Kiepatz verlor ihn. Sie hatte keine Chance mehr, weil rechtzeitige Hilfe ausgeblieben war.

Zu schwer waren ihre Verletzungen: Der Hals war vorn in einer Länge von zehn Zentimetern aufgeschnitten, die Luftröhre bis unterhalb des Kehlkopfes durchtrennt und voller Blut. In allen Lungenlappen stellten die Gerichtsmediziner eingeatmetes Blut fest. Das gesamte Gesicht war voller Hämatome. Der Täter muss wie von Sinnen gewesen sein.

War er nicht. Bei der psychiatrischen Untersuchung an der Medizinischen Akademie »Carl Gustav Carus« in Dresden wurde nichts festgestellt, was gegen eine Zurechnungsfähigkeit sprach. Schwand geriet zwar wegen der »seine Männlichkeit beleidigenden Beschimpfungen« durch die Intimpartnerin in »erhebliche Erregung«, hieß es im Gutachten. Zu einer verminderten Schuldfähigkeit habe das jedoch nicht geführt, so der Psychiater.

Das Bezirksgericht Cottbus verurteilte den 25 Jahre alten Fred Schwand wegen Mordes zu einer lebenslangen Freiheitsstrafe. In der Urteilsbegründung hieß es: »Die große Brutalität des Vorgehens des Angeklagten, die Steigerung der Intensität der Begehungsweise vom bloßen Würgen mit der Hand, unterstützt von Faust- und Handkantenschlägen in das Gesicht der Geschädigten, über das Benutzen eines Schales zum Drosseln und die Anwendung des Messers zum Durchschneiden des Halses in der Absicht, unbedingt den Tod der Geschädigten herbeizuführen, kennzeichnen ihn als einen rücksichtslosen, labilen und triebhaften Gewalttäter, der … zu einer akuten Gefahr für die Öffentlichkeit geworden ist.«

Das Oberste Gericht der DDR verwarf einen Berufungsantrag des Angeklagten. Fred Schwand wurde Ende 1990 auf Bewährung entlassen. Zwei Jahre später verstarb er.

Verheerender Streich

August 1979. Schwanebeck, der 5000-Seelen-Ort bei Bernau vor den Toren Berlins, liegt im friedlichen Schlaf. Den Fahrradfahrer, der in der Nacht vom 13. zum 14. August den Sandweg entlang der Grundstücke in dieser ländlich geprägten Gegend durch die Dunkelheit radelt, die nur durch mildes Mondlicht durchbrochen wird, bemerkt niemand. Das Bellen eines Hundes, dem Gekläff nach mag es von einem Pinscher stammen, nimmt keiner wahr. Auch die menschlichen Schreie nicht, was kein Wunder ist. In den zwei, drei Stunden nach Mitternacht liegen die Bewohner im Tiefschlaf.

14. August 1979, morgens. Otto Schlosser sitzt auf der Terrasse seines Hauses. Es ist schon neun Uhr, und von der Nachbarin, Martha Blitze, ist nichts zu sehen und zu hören. Dabei ist die 73-jährige Rentnerin immer früh auf den Beinen. Auch Hund Teddy ist still. Die Hühner, die sonst längst im begrünten Auslauf nach Futter picken, sind offensichtlich noch im Stall. Schlosser blickt über die Pforte im Zaun, der beide Grundstücke trennt, hinweg. Sie ist stets unverschlossen, dient als Abkürzung, wenn man sich besucht.

Schlosser geht hinüber zur Nachbarin. Der Weg ist mit einer festen Grasnarbe bewachsen, die durch die häufige Benutzung niedergetreten ist. Neben dem Pfad bemerkt er eine frische Grabestelle. Auf dem Vorhof ist der Aushub verstreut, offensichtlich, um etwas zu verdecken. Ganz gelungen ist das nicht. »Martha, bist du hier?«, ruft der Mann. »Ist etwas passiert?« Keine Antwort. Er drückt die Klinke zur Eingangstür nieder. Das Haus ist verschlossen. Die Fenster von Küche und Wohnzimmer in dem einstöckigen Haus sind, anders als sonst, verhängt und gestatten keinen Blick in das Innere.

Auf dem Grundstück ist die Nachbarin nicht zu sehen. In der Laube, die im Vorhof gegenüber dem Hauseingang steht, herrscht Ruhe. Auch im Schuppen bewegt sich nichts. Als Otto Schlosser neben dem Blut, was dort auf dem Weg deutlich zu erkennen ist, auch noch einen Pantoffel bemerkt, wird ihm unheimlich. »Hier muss etwas passiert sein«, schießt es ihm durch den Kopf. Auf demselben Weg, den er hinzu genommen hat, kehrt er in sein Haus zurück, zieht Straßenkleidung an und informiert den Abschnittsbevollmächtigten (ABV) der Polizei. Wenige Minuten später sind ein Funkstreifenwagen und Kriminalisten aus Bernau vor Ort. Nachdem sich auf wiederholtes lautes Rufen weder die Hausbesitzerin meldet noch der Hund bellt, was er sicher getan hätte angesichts des Trubels auf dem Hof, schlägt ein Kripo-Offizier das Fenster zur Küche ein, um sich einen Überblick zu verschaffen. Drinnen sieht er Martha Blitze. Sie liegt mit dem Rücken auf dem Boden, die Beine sind leicht gespreizt. Der Körper ist mit einem weißen Bettlaken bedeckt. Dass hier ein Verbrechen vorliegen könnte, liegt nahe. Die MUK in Frankfurt (Oder) wird alarmiert.

Im Haus bietet sich den Kriminaltechnikern ein umfassenderes Bild als jenes, das der Kripo-Mann aus Bernau durch das eingeschlagene Fenster wahrnehmen konnte. Neben der Leiche auf dem Fußboden liegen ein geöffnetes Portemonnaie, das leer ist, und ein paar Geldstücke. Das Fenster ist von innen verhängt mit zwei Bettlaken, die mit Hilfe eines Kopfkissens befestigt sind, das zwischen Gardinenstange und Deckenwand geklemmt ist. Beide Arme der Toten sind blutverschmiert. Als die Kriminaltechniker aus Frankfurt (Oder) die Leiche vorsichtig anheben, wird eine große Blutlache unter dem Kopf und dem Rücken sichtbar.

Während in der Küche Mobiliar und Inhalt unbeschädigt und an Ort und Stelle sind, sieht es im Wohn- und im Schlafzimmer chaotisch aus. Eine Kommode ist beschädigt, alles, was in den Schränken und anderen Behältnissen war, liegt auf den Fußböden in beiden Zimmern verstreut, Holzzierleisten sind herausgerissen und zerstört. Hinter der Wohnzimmertür – zwischen Tür und Couch – finden die Kriminalisten ein weiteres Opfer: einen Hund, von der Rasse her wohl ein Pinscher mit weißem Fell, das blutverschmiert ist. Das Tier ist erstochen worden, genau wie sein Frauchen.

Die weitere Untersuchung des Grundstücks ergibt, dass es draußen, zwischen Laube und Haus, zu einem Kampf gekommen sein muss. Täter und Opfer müssen dort aufeinandergetroffen sein. Blut- und Schleifspuren deuten darauf hin, dass der Unbekannte auf die Frau eingestochen und die Verletzte dann ins Haus geschleift haben muss. Der Zustand im Haus spricht für einen Raubmord. Doch ist die alte Dame auch sexuell missbraucht worden? Unterrock und Pullover sind bis über den Bauchnabel hochgerollt. Der Schlüpfer ist am Bauch und im Bereich des Zwickels aufgeschlitzt, der linke Strumpf bis unter das Knie hinuntergerollt. Das Geschlechtsteil liegt frei. Offensichtlich ist daran manipuliert worden.

Umgehend wird die Leiche obduziert, um Todeszeitpunkt und Todesursache zu klären. Im Bericht der Gerichtsmediziner ist eine Vielzahl von Verletzungen aufgeführt: drei Stiche in den Rücken, vier Stiche in die Brust, zwei in den Bauch und fünf Stich- oder Schnittverletzungen am rechten Arm. Zwei der Stiche in die Brust waren tödlich. Sie trafen die Körperhauptschlagader und das Herz des Opfers. Auch weitere Messerstiche, die mit großer Kraft ausgeführt wurden, hätten aufgrund ihrer Tiefe zum Tode führen können, stellen die Pathologen noch fest. Zum Tatzeitraum heißt es: »Der Tod ist ziemlich wahrscheinlich zwischen 3.00 und 6.00 Uhr des 14.08.1979 eingetreten, ein Todeszeitpunkt vor 1.00 Uhr oder nach 8.00 Uhr ist nicht in Betracht zu ziehen.«

Mit demselben Messer, mit dem Martha Blitze erstochen wurde, hat der Täter auch Teddy, den Hund mit dem weißen Fell, getötet.

Bereits anhand der Spuren am Tatort und an der Leiche gehen die Kriminalisten der MUK davon aus, dass Martha Blitze den Täter überrascht haben muss, der sie dann vor dem Haus tötete und anschließend in die Küche schleifte. Und sie sind überzeugt, dass er sich in der Gegend und auch im Haus gut auskennen muss.

Von der Klinke der Hauseingangstür werden Geruchsspuren genommen. Ein Fährtenhund schnüffelt daran und nimmt, an der langen Leine gehalten, sofort die Fährte auf. Nur zwei Grundstücke weiter baut er sich in der kleinen Werkstatt eines Einfamilienhauses vor einem jungen Mann auf, knurrt und bellt den mutmaßlichen Täter an. Es ist der erst 16-jährige Karsten Schnacke. Er wird vorläufig festgenommen.

Noch am selben Tag beginnt die Vernehmung des Jugendlichen.

Frage: »Wie erklären Sie sich, dass der Hund zu Ihnen auf das Grundstück kam?«

Antwort: »Also, das kann ick mir och nicht erklären«, antwortet er in ausgeprägtem Berliner Dialekt. Dann hat er doch noch eine Begründung, warum die vierbeinige Spürnase so zielgerichtet zu ihm gekommen ist. »Ick bin am Nachmittag mit dem Moped zur Verkofsstelle jefahren, Brause holen. Aufm Rückwech vom Konsum hab ick die Frau Blitze getroffen. Die hatte mit zwee Taschen schwer zu schleppen gehabt. Da hab ick anjehalten und ihr die Taschen in de Küche gewuchtet. Hab ich schon öfter jemacht. Die Frau Blitze wollte mir fünf Mark fürs Tragen geben. Det hab ick aber abjelehnt. Sie können die Frau Blitze ja fragen. Gegen abends um sieben bin ick nochmals raus, bin am Grundstück der Frau Blitze vorbei und hab se jegrüßt.«

So cool, wie seine Erwiderung klingt, ist der junge Mann innerlich nicht. Er rutscht unruhig auf seinem Stuhl hin und her, kann den Vernehmer nicht anschauen und fängt an zu weinen.

Frage: »Warum weinen Sie?«

Antwort: »Ick muss an zu Hause denken.«

Frage: »Warum denken Sie an zu Hause?«

Die Antwort bleibt aus. Der Vernehmer lässt dem sichtlich verunsicherten Karsten Schnacke Zeit. Dann hakt er nach:

Frage: »Können Sie mir jetzt sagen, was in Schwanebeck passiert ist?«

Antwort: »Ich würds ja och gerne wissen, wat passiert iss.«

Frage: »Haben Sie außer den genannten Zeiten noch einmal die Wohnung verlassen?«

Antwort: »Ja, aber Sie globens mir ja doch nich. Ich wars nich.«

Frage: »Was waren Sie nicht?«

Schnacke schildert seine Sicht der Dinge.

Am Abend nach dem Fernsehen, nachdem die Eltern und seine drei Schwestern zu Bett gegangen waren, habe er eine halbe Flasche Schnaps, Wodka der Marke »Lunikoff«, ausgetrunken, die die Eltern versteckt hatten. Davon sei ihm schlecht geworden. Zwischen zwei und drei Uhr nachts sei er aufgestanden und nach draußen gegangen, weil er brechen musste. Er will dann Schreie aus der Richtung des Grundstücks der Frau Blitze gehört haben, »so, als wenn eine Katze schreit«. Teddy, der Hund, habe auch gebellt. Deshalb sei er die paar Schritte hinüber zum Grundstück der Nachbarin gegangen. Er habe durch die Latten des Zaunes zwei Männer gesehen und eine MZ 250. »Ich habe mir das Kennzeichen gemerkt und bin sicher, es war ›AX 56–04‹«, untermauert er seine Aussage. »Ich habe mir ja gedacht, dass etwas passiert ist.« Als plötzlich Licht im Haus anging, sei er nach Hause gerannt, habe noch eine Stunde im Wohnzimmer gesessen und sei dann zu Bett gegangen. Karsten Schnacke liefert auch Personenbeschreibungen der Männer: Den einen Mann beschreibt er als 1,70 Meter groß, schlank, bekleidet mit einem blauen Jeansanzug und auf dem Kopf einen rot-schwarzen Pilothelm mit einer Scheibe vorn. Der andere sei etwas kleiner gewesen, habe ebenfalls einen blauen Jeansanzug angehabt und einen blauen Sturzhelm getragen.

Umgehend überprüft die Kripo das genannte Motorrad-Kennzeichen. Es existiert nicht. »Vielleicht war es ja auch ›AR 56–04‹«, rudert Schnacke zurück. Auch dieses gibt es nicht und ähnlich lautende auch nicht.

Ihm wird vom Vernehmer vorgehalten, dass seine bisherigen Angaben unglaubwürdig seien und er sich doch als Zeuge hätte melden können. Der 16-Jährige versucht eine letzte Ausrede. »Ich habe mich nicht gemeldet, weil ich mir gedacht habe, dass mir keiner glaubt.« Wieder beginnt der Junge zu weinen. Dann bricht es aus ihm heraus. »Komme ich noch mal nach Hause? Ich möchte noch mal nach Hause. Ich wollte das nicht!«

Was wollte der junge Mann nicht, und wer ist er überhaupt?

Das Leben von Karsten Schnacke glich bisher eher einer Achterbahnfahrt als einer normalen Entwicklung vom Kind zum Jugendlichen, mit allen Höhen und Tiefen, die das Heranwachsen bereithält.

Familie Schnacke lebte in Berlin-Kreuzberg. Als sie 1965 Westberlin verlässt und nach Schwanebeck übersiedelt, steht die Mauer, die Ost und West teilt, bereits das fünfte Jahr. Karsten ist zweieinhalb Jahre alt, die Zwillingsschwestern sind kaum erst geboren. Die dritte Schwester kommt in Schwanebeck zur Welt. Die Wohnverhältnisse für die sechsköpfige Familie sind eng und belastend. Als der Vater wegen Betrugs eine Freiheitsstrafe aufgebrummt bekommt und ins Gefängnis muss, wird die Ehe geschieden. Die Kinder müssen 1971 vorübergehend in ein Kinderheim aufgenommen werden. Der Vater sitzt noch ein und die Mutter muss nach einer schwierigen Operation über eine längere Zeit im Krankenhaus stationär versorgt werden. Ein Jahr später, nach der Haftentlassung des Vaters, heiraten die Eltern wieder.

Nach außen hin scheint das Familienleben zunächst zu funktionieren, und wie es die Eltern später darstellen, soll es auch so gewesen sein. Der Jugendhilfe des Rates des Kreises Bernau kommt anderes zu Ohren. Hinweise aus der Schwanebecker Bevölkerung und auch aus der Schule lassen den begründeten Verdacht aufkommen, dass die Kinder in ihrem Reifeprozess gefährdet sind. Von der Jugendhilfe wird ein Betreuungsprogramm erarbeitet. Die Eltern versprechen, sich darauf einzulassen, doch viel zu oft setzen sie nur Prügel als Erziehungsmethode ein.

Vor allem Sohn Karsten fällt immer unangenehmer auf. Ladendiebstähle, Körperverletzung und Brandstiftung pflastern den noch kindlichen und deshalb strafunmündigen Weg des Jungen, der nach acht Schuljahren mit dem Abschluss der siebten Klasse die Schule verlässt. Mehrfach wird er psychiatrisch untersucht, eine geistige Fehlentwicklung wird nicht festgestellt. Als Karsten Anfang 1978 die Heimerziehung angedroht wird, scheint er zur Vernunft zu kommen. Die Ausbildung in einem Tiefbaubetrieb beginnt zufriedenstellend, Klagen der Mitmenschen gibt es nicht mehr und der Mutter ist er im Haushalt eine große Hilfe in einer Zeit, in der der Ehemann erneut im Gefängnis sitzt und sie noch immer mit den Folgen ihrer Operation zu kämpfen hat. Die Heimerziehung für Karsten wird zur Bewährung ausgesetzt.

Er bewährt sich nicht. Alkoholgenuss und Arbeitsbummelei werden zu verhängnisvollen Begleitern des Jungen. Der schmeißt, mit Zustimmung der Eltern, die Lehre als Tiefbau-Facharbeiter hin und gibt dafür dem Lehrmeister die Schuld, der in seinen Augen »ein richtiger Stinkstiefel« war. Auch die folgende Beschäftigung im VEB Sportstättenbetrieb Berlin als Platzwart in einem Stadion in Berlin-Pankow ist nur von kurzer Dauer. Erstens ist dem Burschen der Weg zum Arbeitsplatz zu weit und zweitens pflegt er anstatt der Sportgeräte und Anlagen auch hier lieber den Alkoholgenuss. Die Tätigkeit auf der Müllkippe in Schwanebeck, die quasi vor der Haustür liegt, ist sein nächstes Arbeitsziel. Doch dazu kommt es nicht mehr.

Aus der Bevölkerung mehren sich in dieser Zeit wieder Beschwerden über das Verhalten von Karsten Schnacke. Martha Blitze hat ihn erst kürzlich wieder mal beim ABV »angeschissen«, wie er die Anzeige wegen des Herumfahrens mit seinem Moped, noch dazu ohne Mopedführerschein, empfand. Gerade von ihr hätte er eine solche Ungerechtigkeit nicht erwartet, wo er sich doch mit ihr eigentlich gut verstand und ihr schon mehrfach schwere Einkaufstaschen ins Haus getragen hat.

13. August 1979, abends. Familie Schnacke sitzt im Erdgeschoss ihres Hauses im Wohnzimmer vor dem Fernseher. In Schwanebeck kann man gut die Westprogramme empfangen. Schnackes schauen in der ARD den TV-Mehrteiler »Die Reise von Charles Darwin«. Die Begeisterung über die Errichtung des »Antifaschisten Schutzwalls« vor genau 18 Jahren, die an diesem Tag im DDR-Fernsehen verbreitet wird, interessiert sie nicht. So richtig angetan von dem Film sind sie allerdings nicht. *Boeing, Boeing,* der Streifen, der im dritten Westprogramm läuft, ist lustiger. Den verfolgen die sechs Schnackes bis zuletzt. Dann werden die »Tagesthemen« noch angeschaut, und danach wird die »Glotze« ausgemacht. Die drei Schwestern gehen hinauf in ihr Mädchenzimmer, das an die Schlafstube der Eltern grenzt. Bis vor kurzem hat Karsten noch gemeinsam mit ihnen dort genächtigt. Jetzt schläft er

unten im Wohnzimmer. Die Eltern hören gemeinsam mit ihrem großen Jungen noch Musik vom Tonband, dann verschwinden auch sie in den Betten. »Mach nicht mehr so lange«, ermahnen sie ihn, sich auch zur Ruhe zu legen. Die drei Gläschen Weinbrand der Marke »Dujardin«, die Karsten im Laufe des Abends im Beisein der Eltern getrunken hat, machen ihm nichts aus.

Anders ist es mit der halben Flasche »Lunikoff«-Wodka, die er nach Mitternacht, als die Eltern zu Bett sind, aus einem Versteck des Vaters holt und innerhalb einer Stunde Schluck für Schluck leert. Er weiß, dass er unter Alkoholgenuss »unternehmungslustig« wird, »etwas anstellen« will und dann »dumme Sachen« macht.

Der Ärger über den »Anschiss der alten Blitze« wegen seiner Schwarzfahrerei mit dem Moped wird Glas für Glas größer. Er überlegt, wie er ihr einen Streich spielen kann. »Ich könnte ja im Garten Remmidemmi machen«, kommt ihm in den Sinn. »Ich reiße die Blumen heraus, lasse die Hühner aus dem Stall und durchwühle den Schuppen.« Das hält er für angemessen wegen des Anschwärzens der »ollen Blitze« bei den Bullen. Als der »Lunikoff« alle ist, ist der Tatendrang mindestens genauso groß, wie der Alkoholpegel hoch ist. Dennoch handelt der Junge zielgerichtet, läuft nicht einfach die paar Meter zum Grundstück von Martha Blitze hinüber, sondern fährt mit dem Fahrrad. »Fußspuren könnten auf dem Sandweg auffallen, doch Fahrradspuren gibt es genug«, wägt er die

Gefahren einer Rückverfolgung und Entdeckung ab. Bei früheren Einbrüchen im örtlichen Konsum hatte er diesen Fehler gemacht und wäre fast überführt worden, fällt ihm ein.

Beim Grundstück Blitze angekommen, lehnt er das Fahrrad an einen Pfeiler, steigt über den Zaun und pirscht sich hin zum Schuppen. Er kennt den Weg, und die Nacht ist zudem klar und hell.

Im Haus ist alles ruhig. Plötzlich bellt Teddy, der Hund der Hausbewohnerin, und das Schloss der Haustür knackt. Martha Blitze hat Geräusche wahrgenommen, die nicht in die Stille der Nacht passen, und ihren vierbeinigen Bewacher auf Pirsch geschickt. Schnacke, der gerade den Schuppen wieder verlassen hat, rennt zurück und greift nach einem Messer mit einer etwa 20 Zentimeter langen Klinge, das auf einem alten Schrank liegt. Er hat Angst vor dem Hund und will sich bei Gefahr mit dem Dolch wehren. Hund Teddy erkennt Schnacke, der schon öfter im Haus war und ihn auch schon gestreichelt hat, stellt das Bellen ein und geht zurück Richtung Haus.

Martha Blitze, die ihrem Hund gefolgt ist, gibt sich nicht so schnell mit dem Erscheinen des Eindringlings zufrieden. »Was willst du hier, hau ab«, ruft sie und tritt dem mutmaßlichen Dieb entgegen. Karsten Schnacke, sichtlich überrascht und erschrocken von der Courage der alten Dame, sticht zu, einmal, zweimal, mehrmals. Martha Blitze taumelt und wehrt sich mit ausgestreckten Armen. Wie von Sinnen sticht der Eindringling weiter auf sie ein: einmal, und noch einmal, und … Hat sie ihn erkannt? Angst vor Strafe treibt ihn jetzt an.

Martha Blitze bricht vor ihm zusammen. Ihr Ruf nach Hilfe bleibt ungehört.

Karsten realisiert langsam, was er angerichtet hat. Er hofft, dass die alte Frau überlebt. »Frau Blitze, stehen Sie doch auf. Bitte, stehen Sie auf«, fleht er. Martha Blitze steht nicht auf.

Flugs versteckt er sich hinter einem Strauch, beobachtet die Gegend, ist sich dann sicher, dass ihn niemand beobachtet hat. »Was mache ich? Was mache ich bloß?«, geht es wirr in seinem Kopf drunter und drüber.

Auf die leise vor sich hin gemurmelte Frage findet er schließlich eine Antwort. »Ich muss die Spuren verwischen.« Er geht ins Haus, schaltet das Licht in der Küche ein und verhängt das Fenster mit Laken. Im Wohn- und Schlafzimmer zieht er die Vorhänge zu. Das Haus soll einen friedlich schlafenden Eindruck erwecken. Dann verwüstet er die Zimmer. Hund Teddy, der ins Wohnzimmer geschlüpft ist, knurrt ihn wütend an und geht zum Angriff über. Er will sein Revier verteidigen. Schnacke wehrt sich zunächst mit einem Laken und reißt dann die Fußleiste des Bettes ab, mit der er auf den Hund eindrischt, bis die Leiste zerbricht. Dann ersticht er Teddy mit demselben Messer, mit dem er die Rentnerin niedergemetzelt hat. Er eilt in den Vorhof, wo er die tote Martha Blitze liegen ließ, packt sie an den Handgelenken, schleift sie in die Küche und bedeckt sein Opfer mit einem Laken. Zunächst will er in der Küche das gleiche Chaos anrichten wie im Wohn- und Schlafzimmer. Das Geschirr aus den Schränken zu werfen würde Krach verursachen, überlegt er sich. Schnacke greift sich die Geldbörse, die auf dem Küchentisch liegt, nimmt die Geldscheine, insgesamt 55 Mark, heraus und wirft das Portemonnaie samt Hartgeld auf den Fußboden.

Unter dem Laken, das er über die Tote geworfen hat, schauen die nackten Beine hervor. Der Anblick erregt den sexuell völlig unbedarften Jugendlichen. Sein Penis versteift sich. Die Neugier packt ihn. Er möchte das Geschlechtsteil einer Frau betrachten. Vom Küchentisch greift er sich ein Messer, schlitzt den Schlüpfer auf und beginnt, an der Vagina zu manipulieren. Jede weitere Beschreibung würdc eine Ekelschwelle überschreiten.

Vor dem Bezirksbericht Frankfurt (Oder) gesteht er in der Hauptverhandlung Mitte Januar 1980, Martha Blitze getötet zu haben. An Einzelheiten der Tat will er sich allerdings nicht erinnern können. Der psychiatrische Sachverständige kommt nach ausführlichen Gesprächen mit Karsten Schnacke zu einem anderen Schluss. Trotz einer für die Tatzeit berechneten Alkoholisierung von 1,8 Promille könne sich der Angeklagte an viele Details vor und nach der Tat erinnern, habe keine gravierenden geistigen Defizite und sei deshalb voll schuldfähig, heißt es im Gutachten.

Das Gericht verurteilt Karsten Schnacke wegen Mordes zu einer Freiheitsstrafe von 14 Jahren und damit um ein Jahr weniger, als es das Gesetz als Höchststrafe für Jugendliche zulässt.

Im Mai 1990 wird der Vollzug der Strafe auf Bewährung ausgesetzt. Das Bezirksgericht Potsdam gewährt Schnacke später für die Zeit vom 15. August 1989, dem Tag der Entlassung, Haftentschädigung, weil im Strafrecht der BRD für jugendliche Kriminelle für Mord eine Höchststrafe von zehn Jahren festgelegt ist. Und diese zehn Jahre waren am 15. August 1989 vollstreckt.

Der Spion

Ein deutsch-deutscher Agententhriller

Der schlanke Mann mit seinen zwei Begleitern, die ihn rechts und links flankieren und ihn den kurzen, tristen Gang entlangführen, geht erhobenen Hauptes. Das schwarze Haar von einst ist grau, ja nahezu weiß, und es ist lichter geworden. Der Mann ist blass im Gesicht, das schon lange keinen Sonnenstrahl mehr abbekommen hat. Seine Gestalt wirkt ausgemergelt und krank. Dabei war er erst vor ein paar Tagen 34 Jahre alt geworden. Er wurde in der Lausitz, in Bernsdorf, geboren und wohnte zuletzt in Hoyerswerda, der aus allen Plattenbauwänden platzenden Kreisstadt im Bezirk Cottbus. Der junge Mann ist in zweiter Ehe verheiratet und Vater von drei Söhnen. Das jüngste Kind ist knapp ein Jahr alt, doch er hat den Sohn nicht ein einziges Mal in den Armen halten, ihn nicht an sein Herz drücken, nicht sein Lächeln oder auch sein Weinen hören können. So lange ist er bereits weg von Zuhause. Vor drei Wochen, am 17. Juni 1975, hatte Egon Glombik Geburtstag. Sicher gehen ihm jetzt, an diesem bedrückenden, Unheil ausströmenden Ort, die herzlichen Glückwünsche seiner Ehefrau und seiner Eltern, die er mit der Post erhalten hat, noch einmal durch den Kopf.

Die beiden Begleiter an seiner Seite werden langsamer, bleiben hinter ihm. Der Mann, der nahezu geräuschlos und unbemerkt von seinem Opfer durch eine Tür links von ihm in den düsteren Kellergang getreten ist und der nun hinter ihm steht, hat einen Revolver in der Hand. Es ist eine Walther P38 mit aufgeschraubtem Schalldämpfer, eine Selbstanfertigung, denn eine solche Pistole ist eigentlich nicht mit einem Schalldämpfer ausgestattet. Die dicken Wände des alten Gemäuers schlucken den dumpfen Knall. Der Schuss ist zielsicher gesetzt, die Kugel dringt oberhalb des Nackens in den Hinterkopf des Opfers ein. Der Schütze versteht sein Handwerk. Der Delinquent fällt nach vorn auf das Gesicht. Aus dem Einschussloch tropft ein wenig Blut.

Der Mann ist auf der Stelle tot. Wenigstens leiden musste er nicht mehr am Ende seines jungen Lebens, das so geordnet begann und dann mehr und mehr aus den Fugen geriet. Am 10. Juli 1975, morgens um neun Uhr, wurde es in der zentralen Hinrichtungsstätte der DDR im abgetrennten Teil der Strafvollzugseinrichtung in der Alfred-Kästner-Straße in der Leipziger Südvorstadt ausgelöscht. Der Hingerichtete wurde »Im Namen des Volks« vom »1a Militärstrafsenat des Obersten Gerichtes der Deutschen Demokratischen Republik« wegen Spionage im besonders schweren Fall, eines Verbrechens gemäß Paragraf 97 des Strafgesetzbuches der DDR, am 25. April 1975 zum Tode verurteilt und konnte auf keine Gnade hoffen. Erich Honecker, damals Erster Sekretär des Zentralkomitees der SED, hatte bereits einen Monat zuvor, am 25. März 1975, handschriftlich sein Einverständnis zu diesem Todesurteil gegeben.

Nachdem ein Arzt den Tod von Glombik bestätigt und sich ein hoher Offizier des Ministeriums für Staatssicherheit (MfS) vor Ort vom Erfolg der Hinrichtung des ehemaligen MfS-Offiziers in Stasi-Einheiten in Cottbus und Spremberg überzeugt hat, läuft eine bis ins letzte Detail geplante Prozedur ab. Glombiks Leichnam wird in einem schlichten Holzsarg verpackt. Das Erdmöbel, wie es zynisch auch genannt wird, verstauen uniformierte Träger in einen bereitstehenden Barkas B 1000. Alles geht schnell und lautlos zu auf dem Gefängnishof. Sollte jemand auf der Straße die Abfahrt beobachten, würde er an dem gewöhnlichen Transporter keinen Anstoß nehmen, denn niemand erahnt etwas von der Fracht, die er geladen hat. Der Fahrer steuert sein Fahrzeug Richtung Südfriedhof und dort in ein abgelegenes Teilobjekt des Krematoriums. Der Leichnam des mit Genickschuss Hingerichteten wird umgehend eingeäschert, seine Asche wird verstreut. Nichts soll mehr, »Im Namen des Volkes«, an Egon Glombik erinnern, der vom Stasi-Offizier zum Spion des Bundesnachrichtendienstes (BND) wurde, und damit zum Verräter. Es ist das Ende eines deutsch-deutschen Agententhrillers.

»Im Namen des Volkes«?

Egon Glombik war ein Kriegskind. Als er am 17. Juni 1941 geboren wurde, erreichten die Planungen von Hitler und seiner Wehrmachts-Generale für das »Unternehmen Barbarossa« ihren Höhepunkt. Fünf Tage später überfiel Nazi-Deutschland die Sowjetunion. Egon war der zweite Sohn der Glombiks. Der ältere Bruder war gerade dem Windelalter entwachsen. Später bekam die junge Familie Sohn Nummer drei. Geprägt durch die schrecklichen Erlebnisse und Entbehrungen der Nazi-Zeit, verschrieben sich Mutter und

Vater nach Kriegsende und der Gründung der Deutschen Demokratischen Republik mit ganzer Überzeugung dem Aufbau eines besseren Deutschlands. Schon kurz nach der Vereinigung von KPD und SPD zur Sozialistischen Einheitspartei Deutschlands (SED) wurde der Vater Mitglied der neuen Partei, die versprach, mit dem Erbe des Nationalsozialismus konsequent zu brechen und ein friedliches, gerechteres Deutschland an der Seite der Sowjetunion aufzubauen. Die Eltern, die inzwischen in einer kleinen Bergarbeiterstadt in der Nähe von Spremberg ihr neues Zuhause gefunden hatten, waren Vorbilder für ihre Söhne. Mutter und Vater arbeiteten in der Braunkohle, dem wichtigsten Industriezweig in der Lausitz, der sich in den folgenden Jahren nicht zuletzt durch den Aufbau des Kohleveredelungs-Kombinates Schwarze Pumpe bei Hoyerswerda zum Herz der Energiewirtschaft der DDR entwickelte.

Vater Glombik engagierte sich gesellschaftlich. Er wurde aktives Mitglied der Kampfgruppen der Arbeiterklasse in der DDR, seinen couragierten Einsatz für die Verteidigung der Errungenschaften der Republik gegen Feinde von innen und außen würdigten Partei und Staat mit hohen Auszeichnungen. Der Vater reiste als Agitator für die Umgestaltung der kleinbäuerlichen Familienbetriebe in die großen LPG durch die Dörfer und trieb später die Umwandlung halbstaatlicher Betriebe in VEB mit voran. Als Anerkennung seiner Fähigkeiten und aus Dank für seine Leistung beriefen ihn die Genossen der kreislichen Partei- und Staatsführung zum Direktor eines Betriebes in Spremberg. Es ging alles, wie man so schön sagte in der DDR, seinen geregelten sozialistischen Gang.

Die Kinder folgten dem Vorbild der Eltern. Der älteste Sohn schloss ein Studium als Ing.-Ökonom ab, der jüngste Spross wurde Elektromonteur. Egon erlernte den Beruf des Schlossers und hatte erfolgreich ein Studium als Bergmaschineningenieur abgeschlossen, als das MfS 1965 an ihn herantrat. Er war mit neunzehn Jahren in die SED eingetreten und hatte zwei Jahre freiwillig bei der NVA gedient. Nach der Armeezeit leistete er im Gaskombinat Schwarze Pumpe, dem damals größten Braunkohleveredlungs-Betrieb Europas, als Reparatur-Ingenieur eine vorbildliche Arbeit. Doch er wollte mehr und plante für den nächsten Schritt auf der beruflichen Karriereleiter ein Hochschulstudium an der Bergakademie in Freiberg, für das er bereits die Aufnahmeprüfung bestanden hatte.

Die Aussicht, an vorderster Front, bei der Stasi, dem selbsternannten »Schild und Schwert der Partei«, die DDR vor den Klassengegner aus dem Westen zu schützen und ihn aktiv zu bekämpfen, faszinierte den jungen Mann. Egon Glombik ließ auch nicht locker, als es mit der versprochenen schnellen Einstellung in den »Dienst« zunächst nicht klappte und sein geplantes Studium in Freiberg durch das ewige Vertrösten des MfS zur Hängepartie für ihn wurde.

Im Februar 1967 war es dann endlich so weit: Egon Glombik, mittlerweile verheiratet und Vater von zwei Söhnen, wurde als operativer Mitarbeiter mit dem

Dienstgrad Unterleutnant in der Bezirksverwaltung des MfS in Cottbus eingestellt. Neben dem Dienst an der geheimen Front, so wurde ihm von den Kaderoffizieren versprochen, könne er sein Studium an der Bergakademie fortsetzen oder beim MfS ein anderes Hochschulstudium aufnehmen. Dass daraus nichts wurde, störte ihn zunächst wenig. Die Arbeit bei der Angriffsabwehr des BND und die Einschleusung und Führung von Informellen Mitarbeitern mit Feindverbindung (IMF) ließen für Glombik Überstunden zur Normalität werden. Die Familie, die noch bei den Eltern in dem Bergarbeiterstädtchen wohnte, sah den Ehemann und Vater, der entweder sehr spät nach Hause kam oder immer öfter am Schreibtisch in der Dienststelle eine Mütze Schlaf nahm, immer seltener. In der Ehe kriselte es, sie bekam immer tiefere Risse.

Egon Glombik ging auf in seiner Agententätigkeit gegen den Klassenfeind mit allem, was dazu gehörte, um besser, effektiver und erfolgreicher zu sein im Kalten Krieg zwischen den kapitalistischen Staaten und der sozialistischen Welt, und vor allem im Kampf gegen den Erzfeind BND. Er schleuste Informelle Mitarbeiter beim BND ein und hielt Kontakt zu ihnen, er suchte nach Verbindungen des gegnerischen Geheimdienstes in den Stasi-Apparat und zerstörte sie, wenn nötig. »Bei diesen Tätigkeiten wurden Mittel und Methoden angewendet, die sich gegen die Verfassung und Gesetze der DDR richteten und somit schon Gesetzesverletzungen darstellten im Auftrage des MfS«, gibt er später zu Protokoll. Er wollte Karriere machen bei der Stasi, Gruppen leiten, mindestens Chef einer Kreisdienststelle werden. Schon nach einem Jahr Dienst wurde Egon Glombik zum Leutnant befördert.

Und dennoch: Das von Stasi-Chef Erich Mielke hochgelobte »Schild und Schwert der Partei«, das für den jungen Geheimdienstmitarbeiter nach außen hin so schillernd und unantastbar wirkte, für andere aber furchteinflößend war, nahm für ihn immer mehr die Gestalt von Geheimbündlern an, die nur auf den eigenen Vorteil aus waren. Im Inneren des »Organs«, wie der Stasi-Apparat intern auch genannt wurde, spürte er Gefechte jenseits seiner Erwartungen und Überzeugung. Er geriet in einen Strudel von Intrigen und gegenseitigen Verleumdungen. Er erlebte ein Hauen und Stechen um die besten Posten und die größte Anerkennung, spürte eine Atmosphäre von Lobhudelei und Missgunst, Lügen und Hinterhältigkeit.

Glombiks Idealismus bekam einen Kratzer nach dem anderen. »Ich stellte fest, dass im MfS die Genossen sich untereinander belügen und betrügen und dass sie auf Parteiversammlungen anders sprechen als ihre Überzeugung ist«, wird er Jahre später in einer Stellungnahme schreiben. »Sie handeln rücksichtslos und sind darauf bedacht, wenn sie mal von jemandem ›angezählt‹ werden, es doppelt und dreifach zurückzuzahlen.« Egon Glombik bekämpfte alles, was er als unwürdiges Spiel einer Ansammlung von Neidern und als Angriff auf seine Ideale ansah. Er vertraute den Versprechungen seiner Vorgesetzten auf große Karrieresprünge und wurde immer wieder enttäuscht.

Statt Aufmerksamkeit zukommen zu lassen und Hilfe zu geben, versuchten die altgedienten Geheimdienstler die »jungen Wilden« mit den Worten zu zügeln: »Wenn du eine Weile hier bist, wirst du auch ruhiger.« Er stellte zwei Anträge auf Entlassung aus der geheimen militärischen Organisation, doch Egon Glombik musste bleiben.

Wie seine Überzeugung vom Kampf Gleichgesinnter bei der Staatssicherheit gegen den Klassenfeind zerbröckelte, so zerbrachen auch seine Erwartungen an eine harmonische Ehe. Auch der Umzug nach Cottbus in die Nähe der bezirklichen Stasi-Zentrale am Nordrand konnte nichts mehr retten. Zwar hatte er, inzwischen als Vernehmungsoffizier eingesetzt, nun einen geregelten Tagesablauf und war stets pünktlich zu Hause, aber doch nicht daheim. Der Hass, der in ihm brodelte, richtete sich gegen die Stasi, aber zunehmend auch gegen Frau und Kinder.

Der deutsch-deutsche Agententhriller, der sich aus diesen Konflikten entwickelte, begann an einem Abend im September 1972. Die Ehefrau zog sich wie immer in den letzten Wochen und Monaten mit den Kindern sofort nach Glombiks Auftauchen in der Wohnung zurück, um sich und die Söhne vor dessen Übellaunigkeit zu schützen. Die technischen Basteleien, die ihn anfangs daheim abgelenkt hatten von Streit und Einsamkeit, halfen nicht mehr gegen die Grübeleien, die ihm nachts sogar den Schlaf raubten.

Glombik sinnierte wieder einmal, wie öfter in letzter

Zeit bei Bier und Schnaps, über alles Schlechte, was ihm die bisherige Zeit beim MfS eingebracht hatte: das verpasste Hochschulstudium, den ausgebliebenen Aufstieg auf der Karriereleiter, die zerrüttete Ehe, die vielleicht wieder zu kitten gewesen wäre in einem zivilen Leben als Ingenieur in Schwarze Pumpe, die ungewisse Zukunft, fehlende Freundschaften. Die Zwischenbilanz seines damals 31-jährigen Lebens fiel trostlos aus.

Ihm kam eine Schnapsidee, und die war gefährlich. Er wusste es. Glombik erinnerte sich an Unterlagen über die Einschleusung eines Informanten beim BND, die er angebahnt hatte. »Die kann ich doch nutzen«, schoss es ihm durch den Kopf. Er wollte sich an der inzwischen verhassten Stasi rächen. Ein Gedanke, der im Unterbewusstsein schon länger in ihm geschlummert haben musste, wurde in diesem Moment geboren und in die Tat umgesetzt. Er machte sich sofort auf den Weg in die nur ein paar hundert Meter entfernte Dienststelle, holte aus dem Panzerschrank im Büro die entsprechenden Unterlagen zum IMF »015«. Glombik verfasste an die für »015« beim BND eingerichtete Deckadresse einen Brief mit einem unverfänglichen Text ohne Unterschrift, in dem er geschickt das Wort »bügeln« einbaute. Das Wichtige schrieb er auf die Rückseite des Papiers mit selbst hergestellter Geheimtinte, die nur beim Bügeln des Papiers lesbar wurde. Er sei bereit, Aufträge des BND zu erfüllen. Der BND solle über den Rundspruchdienst (RSD) für die Kontaktaufnahme die gleiche Frequenz und Sendezeit wie bei »015« verwenden. Am nächsten Tag frankierte Glombik einen unbeschrifteten Briefumschlag mit dem fingierten Brief, ließ die Briefmarken in einem öffentlichen Postamt entwerten, schrieb an seinem Schreibtisch die Deckadresse des »015« auf den Umschlag und gab ihn in den Postausgang der Stasi-Dienststelle.

Schon am folgenden Tag wurde Glombik klar, dass er nicht, wie geplant, dem BND gegenüber anonym bleiben würde, weil dieser den Spion »015« in seinen Reihen bereits ein gutes halbes Jahr zuvor enttarnt hatte. »Jetzt haben die mich in der Hand«, wird ihm nach einigem Nachdenken klar. Der BND aber schwieg.

Statt es dabei bewenden zu lassen, verfasste Glombik zwei Wochen später einen zweiten »Bügel«-Brief an den feindlichen Geheimdienst, dem er sich andiente. Diesmal erhielt er eine Nachricht. Die Antwort der westdeutschen Agentenbehörde war kurz. »Wer sind Sie?«, war die einzige Frage, die gestellt wurde. Glombik enttarnte sich als Mitarbeiter des MfS und gab zu, dass er »015« gesteuert hatte.

Egon Glombik war zum Spion des BND in den Reihen der Stasi geworden. Ein Zurück sah er für sich nicht. Er teilte den einst von ihm bekämpften Geheimbündlern im Westen Namen von Verwandten mit, die in der BRD lebten, gab Deckadressen und Verbindungswege der Stasi preis, leerte »tote Briefkästen« (TBK) und erkundete in Berlin geeignete TBK-Orte und Kurierverbindungen. Er übermittelte Telefonnummern von MfS-Dienststellen in Berlin, Cottbus und Spremberg, berichtete über Aktivitäten der Sowjetarmee im Bezirk Cottbus und leitete Informationen über seine operative Arbeit weiter.

Egon Glombik war erfahren genug, um zu ahnen, dass seine illegalen Verbindungen zum feindlichen Nachrichtendienst der Stasi nicht lange verborgen bleiben würden. Bei der Leerung eines TBK mit Geheimdienstmaterial fühlte er sich beobachtet. Mit im Briefkasten befanden sich 5.000 Mark und die Mitteilung, dass der BND monatlich für ihn 2.000 D-Mark auf ein Konto bei der Deutschen Bundesbank einzahlte. Ob es wirklich existierte, sollte er nie erfahren. Dass seine Funksprüche, für die er sich von dem Spionagelohn extra ein neues Funkgerät beschafft hatte, abgehört werden könnten, daran zweifelte er nicht, auch nicht daran, dass die Wohnung verwanzt war. Von seinem Agentenlohn kaufte er sich außerdem ein Moped der Marke Tatran sowie eine Campingausrüstung mit Zelt, Tisch, Stühlen, Luftmatratzen und Schlafsäcken.

Im Februar 1973 wurde die Ehe der Glombiks geschieden, die Kinder wurden der Ehefrau zugesprochen. Das »Organ« nahm die Trennung zum Anlass und versetzte den zum Risiko gewordenen Mitarbeiter von Cottbus in die Provinz, in die Kreisdienststelle Spremberg. Intern wurde angewiesen, Glombik bei allen operativen Tätigkeiten einen »zuverlässigen Genossen« als Aufpasser an die Seite zu stellen.

Bereits ein halbes Jahr nach der Scheidung läuteten bei Glombik wieder die Hochzeitsglocken. Er zog zu seiner zweiten Ehefrau, die er bei der Silvesterfeier seines Bruders kennengelernt hatte, nach Hoyerswerda. Schon bald kündigte sich Nachwuchs in seiner neuen Familie an.

Im November 1973 leitete die Stasi-Zentrale des Bezirkes Cottbus einen Sonderermittlungsvorgang unter dem Decknamen »Ball« ein. Man war sich inzwischen sicher, dass Egon Glombik der Schreiber von fingierten Briefen an Deckadressen des BND und der Empfänger von Codes war, die über den Rundspruchdienst des BND per Radio übermittelt wurden. Die Wohnung der Glombiks in Hoyerswerda wurde Tag und Nacht abgehört. Illegal natürlich, weil in der DDR die Stasi dafür keine richterliche Genehmigung benötigte. So erfuhren die Geheimdienstler, dass Glombik auch die Ehefrau und seine Schwiegermutter und sogar die 80-jährige Oma im Westen hin und wieder für die Absendung und den Empfang von Briefen einsetzte und ihnen dafür detaillierte Anweisungen gab.

Als Beispiel hier eines der zahlreichen Abhörprotokolle. Es hat folgenden Wortlaut:

Aus der Maßnahme –B– sind am
18.02.1974, 01.35 h – 04.30 h
20.02.1974, 23.50 h
22.02.1974, 22.50 h – 04.20 h
Geräusche zu hören, die als Rascheln von Papier und als Schreibgeräusche gedeutet werden, und das Quietschen von Schranktüren.
Aus Bemerkungen der Ehefrau vom
15.02.74 – »Schreibst du noch?«

22.02.74 – »Was schreibst du deinen Kumpels?«
Und aus weiteren Bemerkungen vom
23.02.74 – »... nach dem Essen schreibe ich weiter, bis um neun, zehn, elf.«
wurde geschlussfolgert, daß er viel schreibt.

In einem anderen Abhörprotokoll heißt es:
– Beim Abhören des Rundspruchdienstes am 15.02.74 interessierte sie (die Ehefrau, d. A.) *sich, ob für ihn etwas dabei ist, da er es mehrfach hört ...*
Am 16.02.74 findet zwischen beiden ein Gespräch statt, wo er ihr erklärt: »Während der Sendung schreibe ich nie mit ... mitschneiden auf Band ... hinterher verbrennen ... Briefe nicht im eigenen Wohnort einwerfen ... Karten aus einem anderen Bezirk schreiben ... und wenn du bis Kamenz fährst ...«

Die Ermittlungen zu »Ball« nahmen an Umfang zu. So wurde am 20. November 1973 ein Funkverkehr abgehört, in dem ein persönliches Treffen zwischen Mitarbeitern des BND und Glombik verabredet wurde. Der Inhalt fand sich, wie vieles andere, in den akribisch geführten Unterlagen der Stasi zum Fall »Ball«.

Folgende Anweisungen zum beabsichtigten Treffen wurden durch den Äther gejagt:

Spruch 44
1. Oma – Brief mit Film erhalten
2. Treffplanung
Wir lagern teilverfälschten DDR-Reisepaß in Berlin-Ost

aus. Sie heben und verpacken den RP im Reisegepäck, Besuchsfahrt einen Tag zur Ehefrau (die Ehefrau befand sich in Bad Schandau zur Kur, d. A.), *dort Auto beschädigen und zur Reparatur bringen. Mit echtem PA mit Eisenbahn über Bad Schandau nach Prag fahren, dort PA auslagern und mit Reisepass Ticket bei Air France abholen. 2 bis 3 Tage Treff in Paris. Paris Rückflug. PA heben und Reisepass vernichten, mit Eisenbahn zur Ehefrau, dort 1 bis 2 Tage, Auto abholen und Rückreise nach Spremberg.*
Fortsetzung Spruch 45
1. Verfälschter Reisepass enthält:
Personalien eines 1973 geflohenen DDR-Bürgers, Ihr Paßbild, ein in Berlin erteiltes DDR-Ausreisevisum über Schönefeld, DDR-Änderungsstempel, Ausreise Bad Schandau, Grenzstempel DDR-ČSSR und französisches Einreisevisum
2. Legende für Änderung der Reiseroute
Besuchsfahrt in ČSSR (Grenze) und, da Prag näher ist als Schönefeld, Antrag auf Änderungsstempel
3. Hat Flughafen Prag DDR-Fahndungslisten für Republikflüchtlinge?
4. Wann und wohin fährt Ehefrau?
5. Treff vermutlich 15.–18.12.
6. Nächster Spruch 25.11. Ende

Die so akribisch geplante Zusammenkunft in Paris fand nicht statt. Glombik sah darin ein zu hohes Risiko für sich und seine Familie. Er schlug stattdessen ein Treffen in Ostberlin vor. Das lehnte der BND ab.

Egon Glombik wurde im Dezember 1973 auf eigenem Wunsch aus dem »Dienst« entlassen. Als Gründe führte er in seinem Entlassungsantrag die Westverwandtschaft seiner zweiten Ehefrau und der Schwiegermutter und deren Weigerung an, die Kontakte mit den Angehörigen abzubrechen.

Das »Organ« war nicht böse, dass der »Schuft« in den eigenen Reihen aufgab. Der BND war böse, weil er einen Informanten verlor, der Interna aus dem Innenleben des MfS lieferte, selbst wenn ein großer Teil davon auch aus anderen Quellen bekannt war. Beide Dienste hielten an Glombik fest, die einen bei der Überwachung von »Ball«, die anderen bei der Abschöpfung. Der Bergmaschineningenieur kehrte an seine einstige Arbeitsstelle, das Gaskombinat Schwarze Pumpe, zurück. Die Stasi-Einheiten in Spremberg und im Gaskombinat durchforsteten ihre Kaderkartei über Informelle Mitarbeiter (IM) und setzten diese ehrenamtlichen Spione auf Spion »Ball« an.

Glombik war längst klar, dass sich das Netz zuzuziehen begann. Schon vor längerer Zeit hatte er dem BND seine beiden einzigen Forderungen mitgeteilt: Er wolle erstens nur Informationen nach eigener Auswahl übermitteln und zweitens bei Gefahr mit seiner Familie in den Westen ausgeschleust werden. Obwohl er mindestens acht handfeste Hinweise hatte, dass ihn die Stasi überwachte, unternahm er nichts, brach keine Kontakte ab, vernichtete kein Material, das er aus Panzerschränken gesammelt hatte und in der Wohnung zur eventuellen Auslagerung an den BND aufbewahrte. Seine Begründung liest sich in einer Stellungnahme so: »Als ich Anfang März 1974 den letzten TBK leerte, stellte ich eine Beobachtung des MfS zu meiner Person fest. Vorher hatte ich bestimmte Hinweise erhalten, daß das MfS mich unter Kontrolle hat. Durch Erzählungen meiner Schwiegermutter zu bestimmten Begebenheiten im Hause sowie durch eigene Feststellungen war es mir klar, daß das MfS mich unter Kontrolle hat. Ich habe keinen Versuch unternommen, das in meiner Wohnung befindliche Material zu vernichten oder anderweitig zu verstecken bzw. den BND zu warnen, mir war es weiterhin klar, daß das MfS mich spätestens bei der Auslagerung verhaften würde. Ich hatte ständig damit gerechnet und es oft herbeigewünscht.«

Dieses »Herbeigewünschte« trat am 3. April 1974, morgens um 4.30 Uhr ein. Egon Glombik wurde aus dem Ehebett in der Plattenbauwohnung in der Neustadt von Hoyerswerda geholt. Das tatsächlich »Herbeigewünschte«, die Ausschleusung aus der DDR oder der Freikauf durch die BRD, blieb ein tödlicher Irrtum.

Glombik wurde in das berüchtigte Stasi-Gefängnis nach Berlin-Lichtenberg gebracht. Auch seine hochschwangere zweite Ehefrau, die für ihn Kurieraufträge übernommen hatte, wurde nicht verschont, sondern ebenfalls in Untersuchungshaft genommen. Nach der Geburt ihres Kindes im Haftkrankenhaus entzog die Stasi ihr sofort den Sohn. Das Kind wuchs zunächst bei Pflegeeltern auf. Erst Jahre später nach Verbüßung ihrer Haftstrafe konnte die Mutter ihren Sohn wieder in die Arme nehmen.

Egon Glombik, der bei der Stasi zuletzt Vernehmungsoffizier gewesen war, saß nun ungezählte Male auf dem harten Stuhl des Beschuldigten vor einstigen Kollegen. Was in dem Vernehmungszimmer passierte, lässt sich nur erahnen. Binnen weniger Wochen wurde das einst rabenschwarze Haar des jungen Mannes weiß wie das eines Greises. Im November 1974 musste er im Berliner Haftkrankenhaus behandelt werden. Er klagte über Schmerzen in der Magengegend, über ständiges Sodbrennen, Blut im Stuhl und über immer häufiger auftretenden Durchfall. Er beschrieb heftiges Stechen in der Herzgegend, das gefühlte Absterben von Fingern und Zehen und eine Gefühllosigkeit der linken Gesichtshälfte. Wegen der Oberbauchschmerzen bekam er eine Diät verordnet. Über eine ärztliche Behandlung der anderen Beschwerden steht im Bericht des Facharztes nichts.

Im März 1975 erhob die Militärstaatsanwaltschaft Anklage gegen Egon Glombik wegen Spionage im besonders schweren Fall.

Als am 23., 24. und 25. April 1975 die Hauptverhandlung vor dem 1. Militärstrafsenat des Obersten Gerichtes der DDR stattfand, war die Öffentlichkeit ausgeschlossen. Dennoch war der Gerichtssaal bis auf den letzten Zuschauerplatz gefüllt. Wie vom Militärstaatsanwalt gefordert, saß dort ein »Kreis verantwortlicher Mitarbeiter des Ministeriums der Staatssicherheit«, der für die Teilnahme am Prozess ausgesucht worden war. Den Eltern von Egon Glombik war die

Teilnahme an der Gerichtsverhandlung gegen ihren Sohn verweigert worden.

Wie schon in dem knapp ein Jahr andauernden Ermittlungsverfahren legte Glombik auch vor Gericht ein umfassendes Geständnis ab. Eine Menge an Spionageaktivitäten hatten die Stasi-Ermittler für die Militärstaatsanwaltschaft zusammengetragen. Rund 1200 Fotos, Dias und Dokumente über das Innenleben der Stasi fand man größtenteils in der Wohnung. Vieles davon hatte den BND nicht erreicht, weil es bei der Festnahme noch nicht ausgelagert gewesen war, wie Spione die Übermittlung von Material in der Geheimdienstsprache umschrieben. Verschiedene Übermittlungswege wurden genutzt, die unter anderem über 48 Deckadressen, 76 Funksprüche und vier tote Briefkästen führten. Unter dem angesammelten Spionagematerial waren Dienstanweisungen des MfS zur Sicherung von Volkswahlen in der DDR ebenso wie zur Überwachung der Teilnehmer der X. Weltfestspiele der Jugend und Studenten im Sommer 1973 in Berlin. Man fand Schulungsmaterialen, Papiere und Aufzeichnungen der Juristischen Hochschule des MfS und auch Dokumente über militärische Aktivitäten der sowjetischen Streitkräfte im Bezirk Cottbus. Angaben über eine Vielzahl von Mitarbeitern des MfS und über Personen, die die Stasi freiwillig unterstützten, sowohl innerhalb der DDR als auch im »Feindesland«, waren für die Ankläger von besonderer Brisanz.

Das Gericht spulte die Verhandlung exakt nach Drehbuch ab. Der Angeklagte wurde gehört, Dokumente wurden verlesen, Beweismittel begutachtet. Gutachten des MfS »zum Verrat des Beschuldigten Glombik«, zum Geheimschriftverfahren und zu Chiffrierunterlagen wurden vorgelegt, Fotografien von Hilfsmitteln zur Herstellung von Geheimschriftbriefen, vom Radio zum Empfang der RSD-Nachrichten, von vier TBK in Berlin, von Postkästen, von denen aus Briefe abgingen, von Telefonverzeichnissen bestimmter Stasi-Dienststellen oder von Militärstandorten angeschaut. Nachfragen gab es kaum, weder vom Staatsanwalt noch vom Verteidiger, den der Staat Glombik zur Seite gestellt hatte. Dass der Rechtsanwalt enge Verbindungen zur Stasi unterhielt und nichts tat, was nicht abgestimmt war, ist keine Überraschung. Ein kämpferisches Plädoyer zur Verteidigung seines Mandanten hielt er daher auch nicht. Die Beweislage in dieser Sache sei eindeutig, so seine Auffassung. Eine »Verteidigung um jeden Preis überzeugt nicht und ist mit den anwaltlichen Berufspflichten unvereinbar«, ließ er vernehmen. Zwar verwies er in seinem Schlussvortrag auf Material, das nicht ausgelagert worden war und von viel höherem Wert für den Feind gewesen wäre als die übermittelten Unterlagen, um dann festzustellen, dass das aber »nicht das Verdienst des Angeklagten« wäre. Er beantragte deshalb nicht, sondern bat das Gericht nur, wenn möglich abzusehen von der Todesstrafe, die der Militärstaatsanwalt vehement forderte. Schließlich habe der Angeklagte

Angaben über 461 Mitarbeiter des MfS, 259 Personen, die das MfS freiwillig unterstützten, 562 verdächtige Personen sowie 455 Personen mit verschiedenartigsten gesellschaftlichen Funktionen gesammelt, zählte der Ankläger in seinem Plädoyer auf. Die Spionage sei vom BND mit 5.000 Mark der DDR und mit der Einzahlung von 38.000 DM auf ein Konto in der BRD honoriert worden. Dass Glombik nie Zugang zu diesem Konto gehabt hatte, wenn es denn überhaupt existierte, zählte nicht.

Die Todesstrafe konnte der Staatsanwalt auch guten Gewissens beantragen. Denn der Generalstaatsanwalt der DDR, Dr. Streit, hatte bereits einen Monat vor Prozessbeginn den »Ersten Sekretär des Zentralkomitees der SED, Genossen Erich Honecker« schriftlich mit »sozialistischem Gruß« mitgeteilt, dass er »in Anbetracht des besonders schweren Falles der Spionage beabsichtige, die Todesstrafe beantragen zu lassen«. Mit Datum vom 25. März 1975 segnete Honecker persönlich ein solches Vorgehen ab und vermerkte in der rechten oberen Ecke des Briefes: »Einverstanden. Gericht soll nach Gesetz entscheiden. EH«

Am 25. April 1975 verkündete das Gericht »Im Namen des Volkes« das Urteil. »Der Angeklagte Glombik wird wegen Spionage im besonders schweren Fall (Verbrechen gemäß §§ 97 …)

zum Tode

verurteilt.«

Die Begründungen lesen sich wie Referate der SED zu Parteitagen oder zu Tagungen des Zentralkomitees.

»Im angestrengten und aufopferungsvollen Kampf zur Abwehr der im Auftrage der reaktionären Kreise des Imperialismus und der Feinde des Friedens tätigen imperialistischen Spionageorganisationen haben die Angehörigen des Ministeriums für Staatssicherheit vielfältige Pläne und Handlungen des Feindes, die sämtlich darauf gerichtet sind, im Rahmen der NATO-Strategie das weitere Wachsen der sozialistischen Staatengemeinschaft aufzuhalten und das Kräfteverhältnis zu ihrem Gunsten zu verändern, rechtzeitig aufgeklärt und durchkreuzt, feindliche Agenturen entlarvt und unschädlich gemacht.« Weiter heißt es: »Es bestätigte sich, daß auch ein solch verbrecherisches Treiben, wie das des Angeklagten, der in skrupelloser Weise als ein hartnäckiger Feind den sozialistischen Staat verriet, zum Scheitern verurteilt ist.« Das Gericht habe, steht es am Ende der 16 Seiten umfassenden Urteilsbegründung, »zum konsequenten Schutz der Tätigkeit des Ministeriums für Staatssicherheit zur Gewährleistung der inneren Sicherheit der DDR und zur Abwehr der feindlichen Anschläge gegen den Angeklagten Glombik wegen Spionage im besonders schweren Fall auf die im § 97 Abs. 4 StGB zulässige Todesstrafe« erkannt.

Vom Urteil und seiner Vollstreckung aber sollte das Volk, in dessen Namen es gesprochen wurde, möglichst nichts erfahren.

Am 9. Mai 1975 wies die Stasi-Zentrale in Berlin an, dass der Vater und ein Bruder von Egon Glombik am 12. Mai durch den Verteidiger über das Urteil in Kenntnis gesetzt werden sollten mit dem Hinweis, dass es notwendig sei, »die Reaktionen in der Familie der Eltern über das Urteil zu kontrollieren und gegebenenfalls durch entsprechende Maßnahmen zu beeinflussen«. Der Rechtsanwalt erfüllte den Auftrag zuverlässig und verteidigte das Gericht, »das keine andere Möglichkeit hatte als ein Todesurteil« zu verhängen. Die ausgesuchten Kader des MfS, die an der nichtöffentlichen Gerichtsverhandlung teilgenommen hatten, wurden »entsprechend der Weisung des Genossen Minister« zur »unbedingten Einhaltung der Schweigepflicht« vergattert. Zur operativen Absicherung der Eltern wurden über die Bezirksverwaltung der Stasi in Cottbus verstärkte konspirative Kontrollen in den Kreisen Hoyerswerda, Spremberg und Senftenberg sowie der Einsatz von IM angewiesen. Glombiks Verteidiger wurde erneut beauftragt, den Eltern und dem älteren Bruder eindringlich zu erklären, dass es in ihrem eigenen Interesse und im Interesse des Verurteilten sei, über dieses Urteil nicht zu sprechen, um den Verfahrensweg eines Gnadengesuches »nicht durch Manipulationen von dritter Seite aus zu stören«. Egon Glombiks jüngerer Bruder wurde aufgrund von Sicherheitsbedenken gar nicht informiert. Als durch IM bekannt wurde, dass in Betrieben und im Wohnumfeld der Familie über das Todesurteil »Gerüchte« im Umlauf seien, band die Stasi die 1. SED-Sekretäre der Bezirksleitung Cottbus und der Kreisleitung Spremberg in den Prozess der Vertuschung ein. Sie wurden angehalten, allen Genossinnen und Genossen in den Parteiorganisationen und über sie dem »Volk« klarzumachen, dass »niemand das Recht und die Befugnis« habe, »über derartige Fragen zu diskutieren, Gerüchte aufzugreifen und weiterzutragen«. Außerdem sei die Möglichkeit zu beachten, »daß durch Besucher aus der BRD bzw. in die BRD reisende DDR-Bürger entsprechende Informationen in die BRD gelangen können«.

Am 30. Juni 1975 wurde Glombiks Eltern gestattet, ihren Sohn in der Haftanstalt in Berlin zu besuchen. Die Stasi war auch hier auf Schritt und Tritt mit Augen und Ohren dabei, um zu verhindern, dass sich die Eltern mit »bisher unbekannten Personen treffen und um eventuelle Provokationen auszuschließen«.

Als letzte Hoffnung blieb den Glombiks das Gnadengesuch an den Vorsitzenden des Staatsrates der DDR, Willi Stoph. Der Hilfeschrei der Eltern wurde nicht gehört, ihr sehnlichster Wunsch, ihren Sohn »am Leben zu erhalten«, ging nicht in Erfüllung. Ob Stoph das Gnadengesuch ablehnte, ob er nicht reagierte oder ob ihn das Gesuch gar nicht erreichte, ist aus den Unterlagen nicht ersichtlich.

Egon Glombik wurde am 10. Juli 1975 um neun Uhr morgens durch einen Schuss in den Hinterkopf getötet. Der Henker bekam, wie üblich, 200 Mark der DDR als Sonderlohn.

Die Todesstrafe wurde in der DDR im Juli 1987 aus dem Strafgesetzbuch getilgt. In der BRD war sie im Mai 1949 abgeschafft worden.

Am 3. September 1995 erklärte das Landgericht Berlin das Todesurteil des Obersten Gerichtes der DDR vom 25. April 1975 für rechtsstaatswidrig. Die Richter hoben das Urteil auf und rehabilitierten Egon Glombik. »Die Entscheidung des Obersten Gerichts der DDR ist mit wesentlichen Grundsätzen einer freiheitlichen rechtsstaatlichen Ordnung unvereinbar, weil sie der politischen Verfolgung gedient hat«, entschieden die Richter.

*

Über vier Jahrzehnte sind seit der Vollstreckung des Todesurteils vergangen. An einem Tag im September 2017 treffe ich mich in der Nähe von Spremberg mit Raik Klausch, einem der drei Söhne von Egon Glombik.

Klausch statt Glombik? »Nach der Hinrichtung meines Vaters drängte die Stasi darauf, dass der Name Glombik ausgelöscht wird. Auf ihr Betreiben hin nahmen meine Mutter, mein Bruder und ich den Geburtsnamen meiner Mutter an«, klärt er auf. Raik Klausch hat nach der politischen Wende gegen das Unrechtsurteil gegen seinen Vater und für dessen Rehabilitierung gekämpft. Anfang Dezember 1989 richtete er an Manfred Gerlach, den gerade erst ins Amt berufenen Vorsitzenden des Staatsrates der DDR, eine Eingabe gegen die Todesstrafe seines Vaters. »Es ist bestürzend, wie und in welcher Form die Justizorgane gehandelt haben. Der Familie wurden keine Anklageschrift, kein letzter Brief, keine Information zum Prozess vorgelegt. Der Verteidiger meines Vaters … wurde ihm zugewiesen. Er war herzlos und in meinen Augen ein Staatsdiener. Meiner Familie wurde die Schweigepflicht auferlegt … Meine Mutter musste jahrelang unter Hausarrest leben. Gerüchte wurden gezielt in die Welt gesetzt, um Verdunklung zu betreiben. Die zweite Frau meines Vaters wurde, noch im Wochenbett liegend, verhaftet und ihr Sohn verschleppt. … Die ganze Familie wurde bespitzelt und vernommen. … Mein seelischer und nervlicher Zustand ist desolat. Großmutter und Großvater sind alt und krank!«

Manfred Gerlach, Vorsitzender der Liberal-Demokratischen Partei (LDPD) in der DDR und von Dezember 1989 bis April 1990 Vorsitzender des Staatsrates, reagierte nicht. Erneut fand eine verzweifelte Bitte der Familie in der DDR kein Gehör.

Raik Klausch hält seinen Vater nicht für unschuldig. »Mein Vater war ein Spion. Dafür wäre er auch in der Bundesrepublik verurteilt worden, aber eben nicht in einem Geheimprozess, und nicht mit der Todesstrafe, sondern wahrscheinlich mit einer befristeten Freiheitsstrafe«, ist er überzeugt. »Das ganze Gerichtsverfahren war doch eine Farce, von der Stasi diktiert und nur gemacht, um den Schein von Rechtsstaatlichkeit zu wahren, und um sich zu beweihräuchern. An meinem Vater wurde ein Exempel statuiert, um jeden zu zeigen: Ein Verräter kommt nicht davon.« Klausch erinnert in diesem Zusammenhang an ein Zitat von Stasi-Chef Erich Mielke. Der hatte im Februar 1982 und vor dem Hintergrund, dass nach der Konferenz über Sicherheit und Zusammenarbeit in Europa (KSZE) 1973 in Helsinki und der Schlussakte vom August 1975 SED-intern über die Abschaffung der Todesstrafe diskutiert wurde, vor der Führungsspitze des Ministeriums erklärt: »Wir sind nicht davor gefeit, dass wir einmal einen Schuft unter uns haben. Wenn ich das schon jetzt wüsste, würde er ab morgen nicht mehr leben. Kurzer Prozess. Weil ich Humanist bin. Deshalb habe ich solche Auffassung. … Das ganze Geschwafel von wegen nicht Hinrichtung und nicht Todesurteil – alles Käse, Genossen. Hinrichten, wenn notwendig auch ohne Gerichtsurteil.«

»Mein Vater hatte schon nach kurzer Zeit aus eigenem Erleben erkannt, dass für die Stasi ein Menschenleben nichts wert ist. Das hatte einen unbändigen Hass in ihm geschürt. Dadurch ist er zum Spion geworden. Das Todesurteil gegen ihn war eine Abrechnung der Stasi mit einem Spion in den eigenen Reihen.«

Raik Klausch ist grundsätzlich gegen die Todesstrafe. Warum? »Sie darf nirgendwo angewendet werden, egal wo und warum. Irrtümer von Gerichten, die es ja in der Vergangenheit gab, sind nie wiedergutzumachen.« Er begründet die Ablehnung mit einem schlichten Satz: »Ich hätte viele Fragen an meinen Vater gehabt.« Die wichtigsten wären: »Warum hast du das getan, warum hast du die ganze Familie in Schwierigkeiten gebracht und sie zerstört?« Oder: »Warum hast du dich überhaupt mit Geheimdiensten eingelassen? Hast du nicht gewusst, wie das enden kann, wenn man sich denen andient, welche das auch immer sind?« Klausch schweigt einen Moment und sagt dann: »Ich konnte ihm diese und viele andere Fragen nie stellen.«

Der Dienst seines Vaters bei der Stasi und die Spionage für den BND führten zu vielen Verwerfungen in der Familie. »Ich habe meinen Vater zunächst als sehr liebevoll empfunden, als einen Mann, der sich um seine Kinder und unsere Mutter gekümmert hat. Doch je länger er bei der Stasi war, desto schlimmer wurde es bei uns zu Hause.« Noch heute hallt der Befehl seines Vaters in ihm nach, wenn der ihn wieder einmal wegen Ungehorsams oder eines kindlichen Blödsinns angeherrscht hat: »Geh auf dein Zimmer! Ich komme gleich nach!« Der kleine Raik wusste dann: »Jetzt setzt es wieder Haue, gibt es heftige Prügel!« Dass wenigstens sein jüngerer Bruder verschont blieb von Jähzorn und Wut ob der Ohnmacht und Hilflosigkeit des Vaters, tröstete den Jungen damals in seinem eigenen Schmerz.

»Ich begann, die Schule zu schwänzen, wurde immer aufmüpfiger«, erzählt er. Mit neun Jahren kam Raik wegen seines auffälligen Verhaltens in Kinderheime, zunächst nach Spremberg, später in das Spezialkinderheim nach Groß Leuthen, einem Dorf ganz in der Nähe von Lübben. »In diesem Kinderheim war es besonders schlimm. Bei jeder Kleinigkeit schlugen die Erzieher zu«, erinnert er sich. Die Großeltern, die für ihn »die wahren Eltern waren«, wollten ihn aus dem Heim holen und zu sich nehmen. Vergeblich.

Von einem der Heimerzieher erfuhr er, dass der Vater nicht als Testpilot in der Nähe von Erfurt ums Leben gekommen ist, wie es ihm die Mutter erklärt hatte, sondern als Spion für den BND hingerichtet worden war. »Der Erzieher hatte es im Westfernsehen in der ›Tagesschau‹ gesehen.« Es war der Stasi nicht gelungen, die Vollstreckung des Todesurteils gegen Egon Glombik ganz zu verschweigen.

Raik und sein drei Jahre jüngerer Bruder Jens Klausch spürten all die Jahre danach den Bann der Stasi, der auf der Familie lastet. »Mein Bruder war ein guter Boxer beim SC Cottbus. Doch wegen der Sache mit meinem Vater durfte er nicht in den Auslandskader. Abitur und Studium wurden ihm verwehrt. Wegen seiner guten schulischen und sportlichen Leistungen wollte ihn die Stasi 1985 als Spitzel anwerben«, erzählt Raik Klausch. »Ist das nicht ein Wahnsinn? Die hatten nicht mal ihre Hausaufgaben gemacht! Oder war dieser Anwerbeversuch vielleicht Taktik? Jens ist schließlich über Ungarn abgehauen und lebt heute in Westdeutschland.«

Jens Klausch hat in der Bundesrepublik ein Studium nachgeholt, das ihm in der DDR verweigert worden war. Er ist verheiratet, hat eine Tochter und drei Enkelkinder.

Raik Klausch kam nach fünf Jahren Heimerziehung als 14-Jähriger wieder nach Hause zur Mutter. Er ist außergewöhnlich intelligent, absolvierte seine Lehrzeit glänzend und durfte dennoch seine technischen Begabungen nicht durch ein Studium vervollkommnen. Kurios: Der junge Mann bewarb sich bei der NVA als Fallschirmjäger und wurde tatsächlich angenommen. Er besuchte die Offiziersschule der NVA in

Löbau und studierte dort Hochfrequenztechnik in der Sektion Funk- und Messtechnik. Nach Cottbus zur Truppenluftabwehr versetzt, war er verantwortlich für die Radar- und Raketentechnik. Wieder wurde die Stasi aber auf ihn aufmerksam. Der Umgang mit Technik und Dokumenten auf diesem Gebiet, das zu den Geheimen Verschlusssachen (GVS) zählte, passten nicht zum Sohn eines hingerichteten ehemaligen Stasi-Offiziers und späteren BND-Spions. Ein angeblicher Heuschnupfen musste herhalten, damit eine Ärztekommission ihn für dienstuntauglich befand. Er könne ja schließlich wegen dieser Krankheit keine Schutzmaske tragen, wurde ihm als Entlassungsgrund mitgeteilt.

Raik Klausch, der jetzt 54 Jahre alt ist, hat seinen Platz im Leben gefunden. Er ist verheiratet, hat eine Tochter und zwei Enkelkinder, die sein ganzer Stolz sind. Und er ist in seinem Beruf im Bereich Maschinenbautechnik ein geachteter Fachmann. Doch auch heute noch, über vier Jahrzehnte nach der Hinrichtung seines Vaters, trägt er schwer an dieser Last. »Unsere Mutter hat das nie verwunden, auch die Behandlung nach der Wende nicht. Sie war lange Zeit arbeitslos und musste zum Arbeitsamt stempeln gehen. Und die Täter der Stasi sind in dicken Autos an ihr vorbeigefahren. Sie hat nie eine Unterstützung erfahren und ist, an Depressionen leidend, verstorben.«

Auch vom Staat BRD fühlt er sich verlassen. »Die haben doch damals nichts getan, um meinem Vater das Leben zu retten, obwohl sie es gekonnt hätten.«

Vor allem aber bewegt ihn, dass er und seine Familie nie an einem Grab vom Vater Abschied nehmen konnten. Wo ist er beigesetzt? Ist seine Asche in alle Winde verstreut oder gar Baustoffen beigemischt worden? Ist sein Körper nach der Hinrichtung für Organspenden ausgeschlachtet worden? »Sie haben meinen Vater hingerichtet! Sie haben seine Leiche vergewaltigt! Sie haben sogar seine Asche vernichtet!«

Auf dem Südfriedhof in Leipzig erinnert eine Gedenktafel an Menschen, die aus politischen Gründen in Leipzig hingerichtet wurden. Auch der Name Egon Glombik steht darauf. »Wir sind zur Einweihung dieser Tafel nicht einmal eingeladen worden«, sagt Raik Klausch. Nicht verbittert, nur enttäuscht. Vor allem aber: mahnend!

Nachbemerkung des Autors

Die Namen in diesem Fall sind mit Einverständnis der Betroffenen nicht verfremdet worden. Warum? Raik Klausch begründete es so: »Meine Mutter wollte immer, dass die Stasi nicht gewinnt. Wir möchten, dass egal wer das liest erkennt, dass wir uns gewehrt und als Familie zusammengehalten haben.«
Zu ihrem Halbbruder aus der zweiten Ehe des Vaters haben Raik und Jens Klausch keinen Kontakt.

Anhang

Um Personen, die zur Akteneinsicht berechtigt sind, den Zugang zu erleichtern, sind den einzelnen Kriminalfällen jeweils Aktenzeichen der Staatsanwaltschaften und Gerichte zugeordnet. Da die Namen der Täter und Opfer bis auf den Fall »Der Spion« anonymisiert sind, ist eine Recherche unter den Buch-Pseudonymen nicht möglich.

Legende

Aktenzeichen: Az; Landgericht: LG; Bezirksgericht: BG, Kreisgericht: KG; Staatsanwaltschaft: StA; CB: Cottbus; P: Potsdam, FFO: Frankfurt (Oder), OG: Oberstes Gericht der DDR, BGH: Bundesgerichtshof

Titel	Aktenzeichen	Ort
Mädchenmord am Pinnower See	21 Ks 12/95	LG CB
	56Js 145/95	StA CB
	5StR 377/00	BGH
»Jung gefreit …«	00 1 BS 20/89	BG CB
	131-28/89	StA CB
Die Spermafalle	22Ks 10/04	LG FFO
Hemmungslose Habgier	I BS 2/81	BG FFO
	131-142-80	StA FFO
Tödliche Spreewald-Liebe	131 – 86/89	StA CB
Vermisst	I BS 10/82	BG FFO
Geheimbund »Sybilla«	I BS 21/75	BG P
Mord in Sachsenhausen	BG 18.87	BG P

Der große Unbekannte	BS 10/a/84	BG FFO
Das letzte Gespräch	BS 3/86	BG P
	131-102-85	StA P
	5-OSB 52/86	OG DDR
Mannesversagen	00 1 BS 16/79	BG CB
	131-6/79	StA CB
Verheerender Streich	I BS 16/79	BG FFO
	131-93-79	StA FFO
Der Spion	1a ZMST I-1/75	OG DDR
	IA-08/75 S	